엄마, 아빠와 함께 읽는 세계 도시 이야기

지구 여행자의 도시 탐험

엄마, 아빠와 함께 읽는 세계 도시 이야기
지구 여행자의 도시 탐험

초판 1쇄 2017년 5월 11일
초판 2쇄 2019년 8월 14일
글 박동석
펴낸이 권경미
펴낸곳 도서출판 책숲
출판등록 제2011-00083호
주소 서울시 용산구 후암동 8
전화 070-8702-3368
팩스 02-318-1125
ISBN 979-11-86342-13-8 73900

이 도서의 국립중앙도서관 출판예정도서목록(CIP)은 서지정보유통지원시스템
홈페이지(http://seoji.nl.go.kr)와 국가자료공동목록시스템(http://www.nl.go.kr/kolisnet)에서
이용하실 수 있습니다.(CIP제어번호: CIP2017009983)

책값은 뒤표지에 적혀 있습니다.
잘못 만든 책은 구입하신 서점에서 바꾸어 드립니다.
책의 내용과 그림은 저자나 출판사의 서면 동의 없이 마음대로 쓸 수 없습니다.

한국출판문화산업진흥원의 출판콘텐츠 창작자금을 지원받아 제작되었습니다.

엄마, 아빠와 함께 읽는 세계 도시 이야기

지구 여행자의 도시 탐험

글 박동석

책숲

책을 읽기 전에

지구촌 도시로 떠나는 신나는 모험

세계가 얼마나 넓은지 생각해 본 적이 있나요?
지구촌에서 가장 가 보고 싶은 나라가 있나요?
가장 가 보고 싶은 도시는 어디인가요?
혹시 외국에 나가 자신의 꿈을 펼쳐 보겠다는 생각을 해본 적은 없나요?
아직 세상 경험이 많지 않은 여러분들에게는 마음에 와 닿지 않는 이야기일 수도 있겠네요. 하지만 오늘날과 같은 지구촌 시대에 세계 여러 나라는 동경의 대상으로 그치지 않습니다. 해외여행도 자유로워져서 이미 다른 나라를 방문한 경험이 있는 사람도 적지 않지요.
세계에는 매력을 뽐내는 도시들이 너무나 많이 있습니다. 세계 최강이라고 하는 미국의 뉴욕이나, 로마 제국의 도시였던 이탈리아의 로마, 예술과 문화의 도시인 프랑스의 파리 등은 물론입니다. 이런 도시들은 어떻게 세계인의 관심을 끌게 되었고, 사람들이 가 보고 싶은 도시가 되었을까요?
어떤 도시는 정치·군사적으로 중요한 역할을 했기 때문에 오래전에 도시의 모습을 간직할 수 있었을 것이고, 어떤 도시는 지리적인 환경 덕분에, 혹은 교통의 이점 덕분에 오늘날처럼 발전할 수도 있었을 거예요. 이런 도시의 모습을 두고 사람들은 인류가 만든 창조물 중 가장 아름답고, 가장 과학적이고, 가장 복잡하면서도 가장 오묘한 존재라고 했어요. 도시만큼 불가사의 한 곳이 없다는 뜻이지요.

  오랜 세월 사람들과 함께한 도시들은 어떤 모습을 간직하고 있을까요? 또 어떤 가치를 지니고 있을까요? 또 그 속에서 살아가는 사람들은 어떻게 도시의 가치를 보존하고 발전시켰을까요?

  이 책은 지구촌 시대를 살아가는 여러분에게 세계에 대한 관심과 동경을 불러일으켜 주기 위해 쓴 도시 안내서라고 할 수 있습니다. 또 세계 13개 도시의 역사와 문화를 경험할 수 있도록 구성한 역사와 문화 안내서이기도 합니다.

  여행이 공부가 되고, 공부가 여행이 되는 책을 여러분들에게 선물하고 싶었습니다. 이 책을 통하여 여러분이 세계로 나아가는 멋진 미래를 꿈꾸기를 간절히 바랍니다.

2017년 5월
박동석

차례

제1장 | 빛나는 역사로 세계를 놀라게 한 도시

모든 길이 통하는 도시 **로마** _12
아우구스투스

동양과 서양이 만나는 도시 **이스탄불** _32
콘스탄티누스 1세

제2장 | 건축의 멋과 아름다움을 세상에 알린 도시

성 베드로의 도시 **상트페테르부르크** _52
표트르 대제

가우디의 도시 **바르셀로나** _66
안토니오 가우디

제3장 | 예술과 문화, 혁명으로 세상을 바꾼 도시

예술과 문화의 도시 **파리** _82
빅토르 위고

백탑의 도시 **프라하** _104
카를 4세

제4장 | 음악으로 세계인을 행복하게 만든 도시

음악의 도시 **빈** _122
마리아 테레지아

제5장 | 세계의 정치, 경제를 움직이는 도시

산업 혁명의 도시 런던 _140
헨리 8세

세계의 수도가 된 도시 뉴욕 _160
시어도어 루스벨트

제6장 | 특별한 환경으로 세계의 주목을 받는 도시

물의 도시 베네치아 _182
마르코 폴로

도나우 강이 만든 도시 부다페스트 _198
이슈트반 1세

제7장 | 놀라운 성장으로 기적을 이룬 도시

무엇이든 큰 도시 베이징 _218
영락제

한강의 기적을 이룬 도시 서울 _236
정도전

제1장

빛나는 역사로
세계를 놀라게 한 도시

로마·이스탄불

이탈리아의 수도인 로마와 터키 최대 도시인 이스탄불은 과거 로마 제국의 역사가 살아 숨 쉬고 있는 도시입니다. 로마 제국은 지금의 이탈리아 반도와 유럽, 지중해, 북아프리카까지 세력을 떨쳤던 고대 최대의 제국이었지요.

지금 로마는 이탈리아의 도시이지만 과거에는 전 유럽을 호령하던 제국의 이름이었고, 모든 것을 갖춘 최고이자 최대의 국가였어요. 로마 제국의 역사는 기원전 8세기부터 시작되었다고 하니, 로마를 두고 살아 있는 역사라고 해도 틀린 말은 아니겠죠?

그런데 세계를 호령했던 로마 제국도 4세기 말 동·서로 나뉘는 운명을 맞습니다. 그리고 지금의 로마를 중심으로 하는 서로마 제국은 5세기 후반에 멸망하고 말아요. 하지만 비잔틴 제국이라고 불리는 동로마 제국은 터키의 이스탄불을 중심으로 15세기 중반까지 로마 제국의 영광을 이어갔답니다. 그래서 이스탄불이 오늘날 터키 최대의 도시가 된 거지요.

로마와 이스탄불은 로마 제국의 쌍두마차가 되는 도시들이며, 로마 제국의 영광을 함께한 도시들입니다. 이런 까닭에 두 도시는 모두 유네스코 세계문화유산으로 지정되었지요.

그럼 지금부터 로마 제국의 빛나는 역사가 살아 숨 쉬는 두 도시를 좀 더 자세히 살펴볼까요?

모든 길이 통하는 도시
로마

위치 : 이탈리아 테베레 강 연안
면적 : 1,285㎢(서울은 605㎢)
인구 : 2,860,000명
특징 : 세계의 머리, 영원한 도시

 역사 대제국의 영광이 살아 숨 쉬는 도시

　로마는 현재 이탈리아의 수도이지만 과거에는 엄청난 번영을 누렸던 나라요, 대제국을 건설했던 나라의 이름입니다. '로마는 하루아침에 이루어지지 않았다.', '모든 길은 로마로 통한다.', '로마에 가면 로마법을 따라야 한다.' 이처럼 로마와 관련된 유명한 말이 많은 것만 보아도 역사에서 로마가 얼마나 큰 비중을 차지했는지 어렴풋이 느낄 수 있을 것입니다.

　'로마는 하루아침에 이루어지지 않았다.'는 말에서도 알 수 있듯이, 로마는 원래 작은 도시 국가에서 출발했습니다. 신화에 따르면 로마는 기원전 753년 전쟁의 신이라 불리는 마르스의 쌍둥이 아들이 건설했다고 합니다. 예수님이 태어난 해를 기원년이라고 하는데, 기원전이라는 말은 예수님이 태어나기 전이라는 뜻입니다. 그러니까 로마는 예수님보다 무려 753년이나 빨리 탄생한 셈이지요.

지금의 테베레 강가의 일곱 언덕 중 하나인 팔라티노 언덕에 쌍둥이 형제 로물루스와 레무스는 도시를 건설했습니다. 그런데 두 형제 간에 싸움이 일어나 레무스는 로물루스에게 죽임을 당하고, 로물루스는 로마 건국의 시조로 이름을 올렸습니다. '로마'라는 이름 역시 로물루스의 이름에서 유래했지요.

로마는 테베레 강가의 일곱 언덕을 중심으로 발전하면서 도시의 규모를 넓혔는데, 한때 에트루리아 인의 침략을 받아 그 지배 아래에 있기도 했습니다. 그런데 에트루리아 인들의 뛰어난 기술을 전수받으면서 그들의 지배에서 벗어났고, 기원전 6세기경에는 귀족과 평민들의 대표가 다스리는 공화정을 실시하면서 빠르게 발전했습니다.

'공화정'은 나라의 중요한 일을 여러 사람의 합의로 결정하는 정치 제도를 말합니다. 쉽게 말하면 왕이 다스리는 나라가 아니라는 뜻이지요. 공화정은 오늘날의 민주주의 정치 제도와 비슷한데, 로마는 기원전 6세기경에 이런 정치 제도를 실시했다니 정말 놀라운 일입니다.

로마는 정복 전쟁을 활발하게 펼쳐, 기원전 3세기경에는 이미 이탈리아 반도 전체를 장악했습니다. 이후 주변 국가들로 세력을 뻗쳐 동쪽으로는 터키를 비롯해 중동 지역까지, 서쪽으로는 영국, 남쪽으로는 아프리카, 북쪽으로는 북유럽 지역 대부분을 정복해 대제국을 만들었지요. 게다가 공화정을 실시하면서 더욱 빠르게 발전했습니다.

이탈리아 반도를 통일하고, 주변 국가로 영토를 넓힌 것도 모두 공화정 시대의 일입니다.

로마는 기원전 27년 또 한 번 변화를 겪게 됩니다. 공화정 시대를 끝내고 황제가 다스리는 나라가 된 것입니다. 공화정 시대의 내분을 끝낸 아우구스투스가 로마의 초대 황제가 되었습니다. 아우구스투스는 41년 동안 황제의 자리에 있으면서 로마의 평화 시대를 이끈 황제이지요.

아우구스투스가 죽고 난 뒤, 로마는 약간의 혼돈 시기가 있었으나 96년부터 시작된 5현제 시대는 로마 제국 최고의 전성기를 열었습니다. 5현제란 로마를 다스렸던 5명의 황제로 네르바(재위 96~98), 트라야누스(재위 98~117), 하드리아누스(재위 117~138), 안토니누스 피우

스(재위 138~161), 마르쿠스 아우렐리우스(재위 161~180)를 말합니다.

한 가지 흥미로운 점은 이들 다섯 명의 황제는 모두 아버지로부터 황제의 자리를 물려받은 것이 아니라 추천에 의해 황제가 되었다는 사실입니다. 다섯 황제는 로마를 번영시킬, 가장 능력이 있는 사람에게 황제의 자리를 물려주었습니다. 그러니 로마가 번영한 것은 어쩌면 당연한 일이었는지도 모릅니다. 쉬운 결정은 아니었을 텐데, 로마는 이들 다섯 황제의 현명한 판단으로 제국의 전성기를 열었습니다.

로마 제국은 5현제 시대에 가장 넓은 영토를 가졌으며, 정치·사회적으로도 평화를 이루었고, 문화적으로도 찬란한 발전을 이룩했습니다. 현재 우리가 로마에서 볼 수 있는 많은 건축물들도 이 시기에 건

로마에 가면 전성기를 짐작할 수 있는 유적들이 여전히 많이 남아 있어.

립된 것들이 많습니다.

하지만 330년 콘스탄티누스 대제가 수도를 비잔티움(지금의 이스탄불)으로 옮기고, 395년 로마 제국이 동·서로 분리되면서 로마는 중요성이 급격하게 떨어졌습니다. 더구나 로마가 속해 있던 서로마 제국은 5세기 초에 이민족의 침략을 받아 더욱 약해졌고, 결국 476년 게르만 족의 용병 대장이었던 오도아케르에게 멸망당하고 말았습니다.(동로마 제국은 1453년 오스만 제국에게 멸망당해요.)

이후 로마는 게르만 족 왕국의 지배를 거쳐, 프랑크 왕국의 지배를 받게 되었습니다. 게르만 족은 오늘날 유럽의 많은 나라와 미국과 캐나다, 오스트레일리아와 뉴질랜드 사람들의 조상이 되는 민족입니다. 프랑크 왕국 또한 게르만 족의 한 종족이 세운 나라입니다. 프랑크 왕국은 5세기경 서로마 제국을 멸망시키고 그 지역을 다스렸고, 8세기 후반에는 지금의 서유럽 지역 전체를 지배했습니다. 이 기간 동안 유럽에 기독교를 전파한 것도 프랑크 왕국이었습니다. 오늘날 유럽 근대 국가의 조상은 프랑크 족인 셈이지요. 특히, 프랑스의 기원은 이 종족에서 유래되었다고 합니다.

로마는 르네상스 시대(14~16세기)에 다시 한 번 번영을 누려요. 로마는 중세(5~15세기) 이후 절대적 권력을 누렸던 교황이 머무는 곳이었기 때문에 교황의 영향력으로 번영을 누릴 수 있었습니다.

특히 교황 니콜라오 5세(재위 1447~1455)는 로마의 번영을 위해 많은 일을 했습니다. 많은 성당을 건립하고, 다리와 도로도 새롭게 정비해 로마를 신앙의 중심지로 만들려고 했지요. 교황의 이런 열정 덕분에 당시 많은 건축가들과 예술가들이 로마에서 활동하며 르네상스를 꽃피울 수 있었습니다. 여러분들이 알고 있는 미켈란젤로, 라파엘로, 브라만테 등의 예술가가 모두 이 시기에 활동했지요.

교황 식스투스 5세(재위 1585~1590)는 로마의 도시 형태를 근대화한 인물입니다. 현재 로마의 도시 형태는 교황 식스투스 5세가 기초를 잡았어요. 그래서 그를 도시 계획의 아버지 혹은 창시자라 부르기도 하지요. 그는 로마를 중세 도시에서 근대 도시로 바꾸었으며, 성 베드로 대성당을 완성하고 수많은 궁전 건설, 도로 정비 등 로마의 재건 사업에 심혈을 기울였습니다.

로마는 18세기까지 교황의 지배 아래 비교적 평화로운 시대를 지냈습니다. 그러다가 1797년 나폴레옹이 로마를 침략한 이후 한동안 어수선한 혼돈의 시대를 맞았습니다.

1861년 성립된 이탈리아 왕국은 교황의 지배권이 강한 로마를 제외한 이탈리아 반도를 통일했습니다. 로마를 점령하지 못했던 이유는 프랑스가 교황을 지원하고 있었기 때문입니다. 그런데 교황을 지키던 프랑스 군대가 철수하자 1870년 이탈리아 왕국은 로마를 점령했고, 국민 투표를 통해 이탈리아의 수도로 삼았습니다. 그러자 교황은 스스로를 바티칸에 갇힌 죄수라고 하면서 이탈리아 왕국과 힘겨루기를 하며 버텼습니다. 이런 상황은 한동안 계속되다가 1929년 교황 피우스 11세와 무솔리니 사이에 '라테라노 조약'이 체결되면서 해결되었습니다. 로마 내 바티칸 시에 대한 교황의 주권을 인정한다는 조약이었지요. 그렇게 해서 오늘날 바티칸 시국은 로마 안에 있는, 세계에서 가장 작은 나라가 되었습니다.

현재 로마는 이탈리아 공화국의 수도로, 또 가톨릭교의 총본산으로 세계적인 주목을 받고 있습니다. 또 한때 대제국을 건설했던 도시답게 많은 유적과 유물들이 남아 있어 유럽을 대표하는 관광지로 사랑받고 있지요.

성 베드로 대성당, 콜로세움, 판테온 신전, 트레비 분수

로마에 가면 제일 먼저 어디를 가야 할까요? 로마는 도시 전체가 박물관이라고 말할 정도로 볼거리가 어마어마합니다. 그중 '로마' 하면 떠오르는 대표적인 것 몇 가지만 알아보겠습니다.

로마에는 가톨릭교의 총본산인 바티칸 시국이 있다고 했지요? 가톨릭교의 최고 지도자이자 바티칸 시국의 국가 원수인 교황은 과거 황제를 능가하는 권력을 지녔습니다. 오늘날에도 교황은 전 세계 가톨릭 신자들의 최고 지도자로서 존경받고 있습니다. 2014년에는 우리나라에 프란치스코 교황이 방문해 많은 사람들에게 깊은 인상을 남기기도 했지요.

이런 까닭에 로마에서 가장 관심을 끌고 있는 건축물을 꼽으라고 한다면 단연 교황이 거주하는 성 베드로 대성당이라고 할 수 있습니다. 성 베드로 대성당은 가톨릭 건축물 중 규모가 가장 큰 성당인데, 길이 약 220미터, 너비 150미터, 높이 138미터로 6만 명이 들어갈 수 있는 규모입니다.

　예수님의 제자 중 한 명이자 초대 교황이었던 베드로 사도는 지금 대성당이 세워진 자리에서 64년경 로마 제국의 네로 황제에 의해 십자가에 거꾸로 매달려 처형되었습니다. 베드로 사도는 처형된 후 근처의 묘지에 묻혔는데, 324년 기독교를 처음 공인한 콘스탄티누스 황제는 베드로 사도의 무덤 위에 성당을 짓도록 명령했습니다. 성당은 25년간의 공사 끝에 완공되었지만 로마를 정벌하려는 외부 세력의 잦은 침략으로 원래의 모습을 찾아볼 수 없을 정도로 크게 훼손되었습니다. 그러자 15세기 초 교황 니콜라오 5세는 새로운 성당 건립을 계획했고, 1506년 교황 율리우스 2세의 명령에 의해 성 베드로 대성당 공사가 시작되었습니다.

여기가 성 베드로 대성당이구나!

처음 대성당을 설계한 사람은 브라만테입니다. 브라만테는 돔 형태의 지붕과 아름다운 기둥으로 이루어진 성당을 설계했는데 그가 죽자 라파엘로가 책임을 맡았습니다. 라파엘로는 브라만테의 초기 설계안에서 부족한 부분을 보완하고 여러 곳을 새로 설계해 공사를 진행했습니다. 그런데 1520년 라파엘로가 젊은 나이에 죽고, 뒤이어 일어난 종교 개혁과 신성 로마 제국의 침략으로 한동안 대성당의 공사는 중단되고 말았어요. 대성당 공사가 다시 시작된 것은 1534년에 즉위한 교황 바오로 3세 때였습니다. 그는 즉위하면서 안토니오에게 공사 책임을 맡겼고, 그가 1546년에 죽자 미켈란젤로에게 공사 책임을 맡겼습니다. 공사 기간이 길어지다 보니 책임자도 자주 바뀔 수밖에 없었지요.

미켈란젤로는 대성당의 공사 책임을 맡자 세밀한 분석 끝에 설계도 수정이 필요하다고 판단 내렸고, 대성당의 돔을 현재의 돔 형태로 설계했습니다. 돔은 대성당의 가장 중요한 부분이기 때문에 미켈란젤로는 이 돔을 세우기 위해 많은 노력을 기울였습니다.

하지만 미켈란젤로는 돔의 완성을 보지 못하고 1564년 세상을 떠나고 말았습니다. 이후 미켈란젤로의 제자인 포르타가 진행을 맡았고, 로마의 도시 계획을 지휘했던 교황 식스투스 5세의 전폭적인 지원 아래 1590년 완공되었습니다.

현재 성 베드로 대성당 돔의 총 높이는 136미터로 세계에서 가장 높은 돔입니다. 돔의 안쪽 지름은 41.5미터로 고대 로마 제국의 판테온 신전(돔 지름은 43미터)과 피렌체 대성당(돔 지름 42미터)의 돔보다는 조금 작고, 이스탄불의 성 소피아 성당의 돔보다는 9미터나 크다고 합니다.

그런데 1605년 교황 바오로 5세가 즉위하면서 대성당은 큰 변화를 겪게 됩니다. 교황 바오로 5세는 초기 콘스탄티누스 황제가 지은 베드로 성당의 모든 지역을 포함한 더 넓은 대성당을 원했습니다. 그리고 그 변경 공사 책임자로 마테르노를 임명했습니다.

교황의 명을 받은 마테르노는 1607년 대성당의 외관을 넓히는 공사를 시작해 1614년 완성했습니다. 그리고 대성당의 정면 공사도 마무리했습니다. 이렇게 해서 성 베드로 대성당은 1506년 공사를 시작해 120년 만인 1626년 웅장한 모습을 드러냈습니다.

하지만 그것은 대성당의 외부만 완공한 것이지 내부 공사까지 완

성된 것은 아니었습니다. 대성당의 내부 공사는 1629년 마테르노가 죽고 난 뒤, 로렌초 베르니니에게 맡겨졌습니다. 베르니니는 대성당의 내부 공사뿐 아니라 성 베드로 광장까지 설계한 인물입니다. 베르니니는 1629년부터 1680년 죽기 전까지 50년 동안 대성당의 내부를 장식하는 데 평생을 바쳤습니다. 오늘날 성 베드로 대성당이 건축사에 길이 남을 예술 작품이 된 데에는 베르니니의 공이 크다고 할 수 있습니다. 물론 성 베드로 대성당은 그 외관만으로도 최고의 건축가들이 참여해서 만든 최고의 건축물이라는 사실은 변함이 없습니다.

성 베드로 대성당을 이야기할 때 반드시 함께 살펴봐야 할 공간이 있습니다. 그것은 다름 아닌 성 베드로 대성당 안쪽에 자리 잡고 있는 시스티나 성당입니다. 그 이유는 최고의 화가들이 그린 벽화들이 성당 안을 가득 채우고 있기 때문인데, 특히 미켈란젤로가 그린 '천장화'와 '제단화'는 탄성을 자아냅니다. 그리고 시스티나 성당은 교황을

성당 안은 마치 미술관 같아!

선출하는 장소이기도 합니다.

시스티나 성당은 교황 식스투스 4세에 의해 1477년 착공해 1481년에 완공되었는데 예루살렘의 솔로몬 신전을 본떠 설계되었어요. 성당의 이름은 교황의 이름에서 따온 것이고, 가로 13미터, 세로 40미터, 높이 20미터 크기로 일종의 요새 같은 역할을 했던 장소입니다.

성당의 내부는 온통 벽화들로 가득 차 있는데, 라파엘로의 스승인 페루지노, 보티첼리, 미켈란젤로를 가르쳤던 기를란다요, 코시모 로셀리, 루카 시뇨렐리 등 당대 최고의 화가들이 참여해 완성했지요.

그런데 벽화가 완성되고 난 뒤 배수 문제로 천장에 균열이 생기자 교황 율리우스 2세는 미켈란젤로에게 천장을 장식하도록 명했습니다. 미켈란젤로는 1508년부터 4년 동안의 노력 끝에 역사에 길이 남을 천장화를 완성했습니다. 천장화는 천지창조부터 구약성서에 나오는 중요한 사건들을 내용으로 하고 있습니다. 그리고 또 미켈란젤로는 교황 바오로 3세의 명으로 1535년부터 6년 동안 시스티나 성당의 제단 벽면을 완성했는데, 이 그림이 바로 '최후의 심판'입니다.

가톨릭을 믿는 사람들에게는 로마 하면 가장 먼저 떠오르는 것이 성 베드로 대성당일 테지만, 일반인들에게 로마 하면 가장 먼저 떠오르는 것은 아마도 '콜로세움'일 것입니다.

로마에서 가장 큰 경기장이었던 콜로세움의 원래 이름은 '플라비우스 원형 경기장'이었습니다. 로마 제국 플라비우스 왕조의 베스파시아누스 황제 때 지어져서 그런 이름이 붙었지요. 그런데 이 극장이 콜로세움으로 불리게 된 데에는 두 가지 이야기가 전합니다. 하나는 '거대하다'라는 뜻을 가진 라틴 어 '콜로살레'에서 유래되었다고 하고, 다른 하나는 초기 로마 제국의 네로 황제가 세운 동상 '콜로소'에서 유래되었다고 하는데, 두 가지 다 확실한 것은 아닙니다.

  콜로세움은 72년에 공사를 시작해 8년 후인 80년에 완성한 어마어마한 규모의 건축물입니다. 전체 건물의 둘레가 527미터, 길이 188미터, 너비 156미터, 높이 48미터로 5만 명이 넘는 사람들이 들어갈 수 있었다고 해요. 규모뿐만 아니라 예술적, 기술적 측면에서도 최고의 건축물이라는 평가를 받고 있습니다. 지금은 콜로세움이 많이 훼손되어서 당시의 정확한 모습을 확인할 수 없지만, 4층으로 이루어진 콜로세움은 각 층마다 양식을 달리해 지어진 굉장히 아름다운 건축물입니다.

한 가지 놀라운 점은 로마의 많은 건축물들이 지진으로 무너져 내렸지만 콜로세움은 지진에도 잘 견딜 수 있게 설계되어 오늘날까지 살아남을 수 있었어요. 그래서 오늘날 우리가 콜로세움을 볼 수 있는 거지요.

콜로세움은 주로 검투사들의 경기가 열리던 장소였습니다. 검투사들은 이곳에서 사나운 짐승들과 싸움을 벌였고, 서로서로 죽이기도 했습니다. 기독교를 박해하는 시기에는 기독교 신자들을 학살하는 장소로도 사용되었습니다. 또 특별한 날에는 경기장에 물을 채우고 배를 띄워 바다인 것처럼 실제 전투를 했다고 합니다. 콜로세움은 규모의 웅장함과 아름다움 이면에 수많은 짐승들과 검투사, 그리고 기독교 신자들이 죽은 '피의 장소'이기도 하지요.

로마에서 또 하나 빼놓을 수 없는 건축물이 바로 판테온 신전입니다. 그리스 어로 '판(Pan)'은 '모두'를, '테온(Theon)'은 '신'을 뜻하는데, 모든 신을 위해 바친 신전이라는 뜻입니다. 테오도시우스 황제가 392년 기독교를 국교로 정하기 전까지 로마는 여러 신을 숭배하는 다신교의 나라였습니다. 판테온은 바로 로마 사람들이 숭배했던 여러 신들을 위해 지어진 건물이었지요.

판테온은 고대 로마 제국의 건축물 중 현재까지 가장 잘 보존된 건축물입니다. 로마 제국의 건축물들은 이민족의 잦은 약탈과 화재, 지진으로 파괴된 경우가 많았는데, 판테온은 거의 훼손된 부분 없이 잘 보존되어 있습니다. 그 이유는 7세기경부터 성당으로 사용되었기 때문입니다. 판테온은 기원전 27~25년에 로마의 집정관이었던 아그

정말 판테온 신전은 안 부서지고 멀쩡하네.

리파에 의해 처음 세워졌습니다. 그런데 이때 세워진 판테온은 화재로 소실되어 125년 하드리아누스 황제 때 새로 세워졌습니다.

판테온의 입구는 16개의 거대한 원기둥으로 이루어져 있고, 내부 천장은 거대한 돔 형태입니다. 특별한 점은 돔의 지름과 천장 높이가 똑같이 43미터라는 것입니다. 실제 중간 높이에서 아래로 반원을 그리면 정확하게 둥근 원을 상상할 수 있다고 합니다. 내부에 창문은 전혀 없고, 오로지 돔 가운데 뚫린 9미터의 구멍으로만 빛이 들어오도록 만들어진 건물입니다.

놀라운 것은 내부에 아무런 기둥 없이 지름 43미터의 돔을 만들었다는 사실입니다. 지금도 판테온의 돔은 20세기 이전에 세워진 콘크리트 돔으로서는 가장 규모가 크답니다. 성 베드로 대성당의 돔보다는 1.5미터 크고, 피렌체 대성당 돔보다도 1미터가 큽니다. 피렌체 대성당의 돔을 완성했던 건축가 브루넬리스키는 판테온의 돔에서 힌트를 얻어 피렌체 대성당의 돔을 완성했다고 합니다.

7세기경부터 성당으로 사용된 판테온은 르네상스 시대에서는 무덤으로 사용되었습니다. 화가이자 건축가였던 라파엘로가 이곳에 묻혔고, 이탈리아의 왕이었던 임마누엘 2세와 움베르토 1세도 이곳에 묻혀 있습니다. 오늘날 판테온은 다시 가톨릭 성당으로 사용되고 있습니다.

로마에 가면 가장 많은 사람들로 북적이는 장소가 바로 트레비 분수입니다. 트레비라는 말은 '삼거리'라는 뜻인데, 분수 앞에 있는 광장이 세 갈래 길이 모이는 곳이라서 붙여진 이름이지요.

　　로마는 일찍이 수도 시설을 잘 갖춘 도시여서 크고 작은 분수가 많았는데 그중 최고는 트레비 분수입니다. 트레비 분수는 로마 초대 황제인 아우구스투스 황제가 전쟁에서 돌아온 병사들에게 물을 준 처녀의 전설을 분수로 만든 것이라고 합니다.

　　당시에는 평범한 분수였는데, 1732년 교황 클레멘스 12세가 니콜라 살비에게 명해 1762년 새롭게 완성해 오늘날의 모습이 되었습니다. 트레비 분수는 바로크 양식(기둥과 조각 등의 장식이 화려한 것이 특징)의 마지막 최고 걸작이라는 찬사를 듣고 있지요.

　　분수의 중앙에는 바다의 신 포세이돈이 조각되어 있고, 양쪽에는 포세이돈의 아들인 트리톤이 말을 잡고 있고 있는 모습이 조각되어 있습니다. 트리톤이 잡고 있는 왼쪽 말은 풍랑이 치는 바다를 상징하고, 오른쪽 말은 고요한 바다를 상징한다고 합니다.

트레비 분수에는 재미있는 이야기가 전하는데, 이 때문에 지금도 분수 안에는 엄청난 동전이 쌓이고 있습니다. 분수를 뒤로 한 채 오른손에 동전을 들고 왼쪽 어깨 너머로 동전을 한 번 던지면 로마를 다시 찾고, 두 번 던지면 연인과의 소원이 이루어지고, 세 번 던지면 어려운 소원이 이루어진다는 것이지요. 그래서 트레비 분수는 항상 소원을 비는 사람들로 북새통을 이룹니다.

지구여행자의 말

세계의 많은 도시 중에서 로마만큼 거대하면서 역사적 가치를 지닌 도시도 드물 것입니다. 직접 눈으로 보지 않고는 로마의 진면목을 확인할 수 없으며, 로마의 위대함을 느끼지 못할 거예요.
로마는 한때 대제국을 건설했던 로마 제국의 수도이자 로마 가톨릭 교회의 총본산으로 인류 역사에 큰 발자취를 남겼어요. 그리고 지금도 이탈리아의 수도로 명성을 이어가고 있지요. 혹시 로마에 갈 기회가 생긴다면 2,500년이 넘는 시간 동안 형성된 거대한 역사의 흔적과 과거 화려했던 로마 제국의 수준 높은 문명을 도시 곳곳에서 느껴 보길 바랍니다.

인물 이야기

로마 제국을 만든 황제 아우구스투스

(기원전 63~기원후 14 / 재위 : 기원전 27~기원후 14)

아우구스투스는 로마 제국 초대 황제입니다. 황제가 되기 전 이름은 옥타비아누스입니다. 어머니는 당시 로마 공화정의 실권자였던 카이사르의 조카여서, 어머니가 죽고 난 뒤 카이사르의 보호를 받았습니다. 기원전 44년에 카이사르가 반대파들에게 암살당하고 공개된 유언장에는 옥타비아누스를 양자로 삼고, 후계자로 삼는다는 내용이 적혀 있었습니다.

로마 정치권에 전혀 이름이 알려지지 않았던 옥타비아누스는 카이사르의 유언장 공개 이후 본격적으로 세력을 확대해 나갔습니다. 처음에는 안토니우스, 레피두스와 함께 로마 공화정을 이끌면서 반대파를 물리쳤고, 카이사르를 암살했던 브루투스마저 격파했습니다. 그리고 기원전 31년 악티움 해전에서 안토니우스와 클레오파트라의 연합군을 물리치고 로마 공화정의 실질적인 지도자가 되었습니다.

기원전 27년에는 원로원으로부터 '아우구스투스(존엄자라는 뜻)'라는 칭호를 받았으며, 이때부터 로마는 공화정에서 황제가 다스리는 나라가 되었지요.

아우구스투스는 41년이나 로마를 다스린 황제야.

　황제가 된 후에는 정복 사업보다는 질서 유지와 식량 문제에 노력을 기울여, 41년이라는 긴 통치 기간 동안 로마의 평화 시대를 열었다는 평가를 받고 있습니다.

동양과 서양이 만나는 도시 이스탄불

위치 : 터키 북서부 보스포루스 해협 양쪽
면적 : 1,830km²(서울은 605km²)
인구 : 13,400,000명
특징 : 유럽과 아시아에 걸쳐 있는 도시

 역사 **세 번이나 이름이 바뀐 도시**

이스탄불은 터키의 최대 도시이면서 가장 매력적인 도시 중 하나입니다. 동양과 서양이 만나는 도시, 즉 유럽과 아시아 두 대륙에 걸쳐 있는 도시이기 때문이지요.

세계 지도를 보면 터키는 97퍼센트가 아시아 대륙에 속해 있고, 유럽 대륙과 육지로 연결되어 있는 것처럼 보입니다. 그런데 유럽 대륙과의 경계 지점을 자세히 살펴보면 바다를 사이에 두고 떨어져 있습니다. 유럽과 아시아 대륙을 나누고 있는 바다 '보스포루스 해협'의 양쪽에 이스탄불이 있는 것이지요. 다시 말해서 보스포루스 해협의 서쪽은 유럽 대륙에 속하는 이스탄불이고, 동쪽은 아시아 대륙에 속하는 이스탄불입니다.

　이스탄불은 오랜 역사와 더불어 화려한 역사를 자랑하는 도시답게 여러 개의 이름이 있습니다. 지금의 이스탄불 지역에 처음 도시가 만들어진 것은 고대 그리스 시대인 기원전 7세기경입니다. 당시 그리스 출신 지도자였던 '비자스'는 이곳에 도시를 건설하고 자신의 이름을 따서 '비잔티온'이라고 했는데, 로마 제국 시대에 라틴어 이름인 '비잔티움'으로 불렸습니다. 비잔티움은 이스탄불의 첫 번째 이름인 셈이지요.

　로마 제국을 다시 통일한 콘스탄티누스 황제는 330년에 제국의 수도를 비잔티움으로 옮겼는데, 이때부터 비잔티움은 콘스탄티누스 황제의 이름을 따서 '콘스탄티노플'로 불렸습니다. 콘스탄티노플은 '콘스탄티누스의 도시'라는 의미입니다.

　1453년 오스만 제국은 콘스탄티노플을 함락하고 도시의 이름을 '이스탄불'로 바꾸었고, 제국의 수도로 삼았습니다. 이스탄불은 '이슬람 인들의 도시'라는 뜻입니다. 이후 이스탄불은 1923년까지 터키의 수도 자리를 지켰어요.

　이스탄불은 기원전 7세기경 그리스 인들이 처음으로 도시를 건설하면서 상업 도시로 성장하기 시작했습니다. 2세기 말에는 로마 황제 셉티미우스가 이곳을 정복하면서 로마 제국의 영토가 되었지요.

　이스탄불은 로마 제국의 영토가 된 후, 지리적 위치 덕분에 빠른 속도로 성장했고, 330년에는 콘스탄티누스 황제에 의해 로마 제국의 수도가 되었습니다. 395년 로마 제국이 동·서로 분리된 후에도 이스탄불은 동로마 제국의 수도로, 1453년 동로마 제국이 멸망할 때까지 천 년이 넘게 명성을 누렸습니다.(로마가 동·서로 분리된 후, 동로마 제국을 비잔틴 제국이라고도 해요.)

　1453년 터키 부족의 하나인 오스만 제국이 동로마 제국의 수도인 콘스탄티노플을 함락시켰지만 도시는 멸망하지 않았습니다. 오스만 제국은 콘스탄티노플을 이스탄불로 이름만 바꾸어 제국의 수도로 삼았기 때문이지요. 오스만 제국의 메흐메드 2세는 자신들의 거주지를 콘스탄티노플로 옮기고, 도시에 남아 있던 수많은 성당과 수도원을 모두 이슬람교의 모스크로 개조했습니다. 콘스탄티노플은 기존과는 다른 새로운 모습으로 변신하게 됩니다. 메흐메드 2세는 새로운 도시

를 만들기 위해 병원이나 학교, 수도 시설, 상업 시설 등을 정비했습니다. 또한 기존 기독교인들에게도 혜택을 베풀어 계속 살게 했으며, 많은 이슬람 인을 도시로 이주시켰습니다. 그리하여 이스탄불은 이슬람 인들뿐만 아니라 기독교인, 유대인 등 여러 사람들이 어울려 살아가는 다문화 도시가 되었으며, 동서 교역의 중심지로 변해 갔지요.

동서 교역의 중심지로 나날이 발전해 가고 있던 이스탄불은 1923년 터키 공화국이 수립되면서 수도 자리를 앙카라에 내주었습니다. 동로마 제국, 오스만 제국에 걸쳐 누렸던 수도의 지위를 1,600년 만에 잃었지요.

이스탄불은 1940년대 후반부터 현대화된 도시로 다시 한 번 탈바

꿈합니다. 새로운 도로와 광장이 건설되었고, 지방에 있던 많은 사람들이 이스탄불로 몰려들어 터키 최대의 도시이자 전 세계가 주목하는 도시가 되었지요.

볼거리 **성 소피아 성당, 블루 모스크, 톱카프 궁전, 그랜드 바자르**

이스탄불은 화려했던 시간만큼이나 도시 자체가 하나의 유물이요, 유적이라 할 수 있습니다. 그래서 어떤 역사학자는 이스탄불을 일컬어 '인류 문명의 살아 있는 박물관'이라고도 했답니다.

이스탄불을 대표하는 건축물은 바로 '성 소피아 성당'입니다. 이

이스탄불은 기독교와 이슬람교를 동시에 느낄 수 있는 곳이지.

성당은 '성 소피아 사원'이라고도 하는데, 성당과 사원이라는 두 가지 이름으로 불린 데에는 이스탄불의 역사와 밀접한 관련이 있습니다.

성 소피아 성당은 '성스러운 지혜'라는 뜻의 '하기아 소피아, 아야 소피아'라고 불리는데, 이 말은 그리스 어에서 유래되었습니다. 이 성당은 현존하는 비잔틴 양식(돔 형식과 모자이크 장식이 특징) 최고의 건축물이며, 건축의 역사를 바꾸었다는 찬사를 듣습니다.

성 소피아 성당은 콘스탄티누스 1세의 아들인 콘스탄티누스 2세에 의해 기독교의 대성당으로 지어졌습니다. 목조 건물로 지어진 이 때의 성당은 화재로 소실되었고, 415년 테오도시우스 2세에 의해 새로 건립되었습니다. 하지만 이 성당도 532년 일어난 반란으로 무너졌고, 현재의 성당은 유스티니아누스 1세에 의해 537년에 완공된 세 번째 선물입니다.

유스티니아누스 1세는 즉위 후, 대성당의 재건립을 결정하고 건축가인 안테미우스와 수학자인 이시도루스에게 설계를 맡겼습니다. 두 사람은 황제의 전폭적인 지원 아래 532년 성 소피아 성당 공사를 시작해 537년 12월 완공했습니다. 그 짧은 기간에 거대한 돔 형식의 건물을 만드는 것은 현대의 기술로도 쉬운 일이 아닙니다. 또 성당의 웅장함과 아름다움에 반한 유스티니아누스 1세는 축성식 때, 솔로몬 왕(고대 이스라엘 왕국의 왕)의 신전을 능가하는 건물을 세웠다고 생각해 "솔로몬 왕이여, 내가 그대를 이겼노라!"라고 외쳤다고 합니다.

이후 성 소피아 성당은 크고 작은 지진에도 불구하고 원형이 유지되어 동로마 제국과 기독교를 대표하는 대성당으로서 그 영광을 누렸

성 소피아 성당은 성당이면서 사원이래.

습니다. 하지만 성 소피아 성당의 영광도 거기까지였습니다.

　1453년, 오스만 제국의 술탄 메흐메드 2세는 콘스탄티노플을 함락시키고, 성 소피아 성당을 이슬람교의 사원으로 만들어 버렸습니다. 가장 안타까운 것은 성당 내부에 장식된 화려한 모자이크 벽화들이 전부 두꺼운 석회로 칠해져 자취를 감추었다는 거예요. 이후 성 소피아 성당은 1923년 오스만 제국이 무너지기까지 500여 년 동안 이슬람교 사원으로 사용되었습니다.

　1923년 터키 공화국이 수립되었을 때, 그리스를 중심으로 유럽의 많은 나라들이 성 소피아 성당의 역사적 가치를 생각해 성당으로 복원하기를 요구했습니다. 이에 터키 정부는 성 소피아 성당이 인류 공동의 유산이라고 생각해, 모든 종교 행위를 금지시키고 박물관으로 만들었습니다. 그리고 석회에 가려진 화려한 모자이크 벽화들도 일부 복원해 찬란한 빛을 볼 수 있게 했습니다.

현재 터키는 대부분의 국민들이 이슬람교를 믿지만 성 소피아 성당은 박물관으로 지정되어, 기독교와 이슬람교의 역사를 함께 느낄 수 있는 화합의 현장으로 남아 있습니다.

성 소피아 성당과 함께 이스탄불을 대표하는 또 하나의 건축물이 있는데, 바로 '블루 모스크'라 불리는 이슬람 사원입니다. 블루 모스크와 성 소피아 성당은 많은 면에서 서로 비교되는 건축물이기도 하지요.

우선, 성 소피아 성당과 블루 모스크는 두 제국(동로마 제국, 오스만 제국)과 두 종교(기독교, 이슬람교)를 대표하는 건축물입니다. 또 두 건물 모두 둥근 돔 형식이고, 세상에서 가장 아름다운 성당과 사원이라는 평가를 받고 있습니다. 또 두 건물은 마치 서로의 아름다움을 자랑이라도 하듯 가까운 거리에서 마주보고 있습니다.

블루 모스크의 원래 이름은 이 건물을 짓도록 명령한 오스만 제국의 왕 술탄 아흐메드 1세의 이름을 딴 '술탄 아흐메드 모스크'입니다. 블루 모스크라는 이름은 모스크 내부를 푸른빛을 띠는 도자기 타일로 장식한 데서 붙여진 이름이지요. 지금은 많은 사람들이 블루 모스크라고 부르고 있습니다.

이스탄불을 점령한 오스만 제국은 이스탄불에 남아 있는 모든 기독교적인 요소를 없애고 이슬람식으로 바꾸었습니다. 그래서 성 소피

푸른빛을 띠는 블루 모스크는 정말 아름다운 사원이야.

아 성당도 이슬람 사원으로 바뀌게 되지요.

하지만 오스만 제국의 왕들은 성 소피아 성당을 보면서 마음 한 구석에 열등감을 지울 수가 없었습니다. 그래서 자신들의 손으로 성 소피아 성당보다 더 웅장하고 아름다운 사원을 건설해야겠다고 다짐하게 되었습니다. 1609년, 오스만 제국의 술탄 아흐메드 1세는 성 소피아 성당보다 더 웅장하고 아름다운 사원(모스크)을 짓도록 명령했고, 그렇게 만들어진 것이 바로 블루 모스크입니다.

　블루 모스크는 1609년 공사를 시작해 7년 만인 1616년에 완공되었습니다. 성 소피아 성당과 마찬가지로 둥근 돔 형식으로 지어졌고, 당시에는 드물게 6개의 뾰족한 첨탑을 세웠습니다. 모스크의 내부는 온통 푸른빛을 내는 도자기 타일로 장식했지요. 현재 블루 모스크는 술탄 아흐메드 1세의 염원대로 성 소피아 성당에 버금가는 건축물로, 또 터키를 대표하는 건축물로 아름다움을 인정받게 되었습니다.

　많은 사람들이 성 소피아 성당과 블루 모스크를 헷갈려 하는데, 두 건축물을 구분하는 가장 손쉬운 방법은 첨탑의 개수입니다. 성 소피아 성당의 첨탑은 4개이고, 블루 모스크는 6개입니다. 사실, 성 소피아 성당은 건립 당시에는 첨탑이 존재하지 않았고, 나중에 이슬람 사원으로 바뀌면서 세웠다고 합니다.

　이스탄불에서 빼놓을 수 없는 또 하나의 볼거리는 오스만 제국의 왕들이 살았던 톱카프 궁전입니다. 톱카프 궁전은 보스포루스 해협이 내려다보이는 언덕 위에 자리 잡고 있습니다. '톱카프'라는 이름은 옛날에 이곳에 대포가 설치된 것에서 유래되었다고 합니다. '톱'은 '대포'를, '카프'는 '문'이라는 의미입니다.

　톱카프 궁전은 오스만 제국이 동로마 제국을 멸망시키고 난 뒤, 술탄 메흐메드의 지시로 짓기 시작해 1467년(또는 1478)에 완공한 궁전입니다. 이후 오랜 세월 동안 증축하거나 보수해 엄청난 규모로 커졌고, 다양한 이슬람의 건축 양식을 볼 수 있는 궁전으로 바뀌었습니다. 지금은 박물관으로 사용되고 있습니다.

궁전은 3개의 문과 4개의 정원으로 이루어져 있는데, 한때는 이곳에 거주하는 사람이 하인들과 군사들을 포함해 5만 명이 넘었다고 합니다. 오스만 제국의 왕들이 호화로운 생활을 했던 장소인 만큼 당시에 쓰였던 다양한 물건들과 화려한 보석들이 고스란히 남아 있습니다. 당시 궁전에서 사용했던 도자기들만 모아서 박물관을 만들었는

데, 자그마치 12,000여 점이나 된다고 합니다.

톱카프 궁전 안에는 동로마 제국 때 세운 성 이레네 성당이 있습니다. 원래 궁전 자리에는 동로마 제국 건축물이 있었는데, 궁전을 짓기 시작하면서 다른 건축물들은 모두 없애고 성당만 남겨 두었다고 합니다. 이 성당은 다른 나라를 침입해 빼앗은 물품들과 무기들을 보관하는 장소였습니다.

톱카프 궁전은 1856년 돌마바흐체 궁전이 새로 만들어지면서 화려한 역사를 마감했지만 400여 년 가까이 오스만 제국의 심장 역할을 했습니다.

오스만 제국 후반기에 세워진 돌마바흐체 궁전은 해변을 흙으로 메우고 세운 궁전인데, 술탄 마지드 1세가 오스만 제국의 부흥을 이끌 목적으로 프랑스의 베르사유 궁전을 모방해 초호화판으로 지은 건축물입니다. 돌마바흐체라는 이름은 이 궁전이 세워진 자리에서 유래하는데, 원래 궁전의 자리는 해변이었고, 그곳을 흙으로 메우고 정원을 조성했다고 해서 붙여진 이름입니다. '돌마'는 '가득 찬', '바흐체'는 '정원'이라는 의미입니다.

얼마나 화려하게 지은 건물인지 궁전의 내부 장식을 위해서 금 14톤, 은 40톤이 사용되었다고 합니다. 내부에는 총 285개의 방과 43개의 홀을 만들었으며, 수백 개의 화병과 시계, 2~4톤에 이르는 초대형 샹들리에를 36개나 설치했습니다. 특히, 황제의 방이라 불리는 곳에는 영국 빅토리아 여왕에게서 선물 받은 750개의 전구로 장식된 초대형 샹들리에가 있습니다.

이처럼 술탄 마지드 1세는 궁전을 짓는 데 어마어마한 비용을 썼고, 그 결과 오스만 제국은 재정이 어려워져 멸망의 길을 걷게 되었습니다. 제국의 부흥을 위해 지은 궁전이 결국 제국을 무너뜨리게 된 거지요. 하지만 오늘날 돌마바흐체 궁전은 박물관으로 사용되면서 어마어마한 관광 수익을 올리고 있다고 하니, 술탄 마지드 1세의 의도가 조금은 이루어지지 않았을까요?

이스탄불에서 색다른 볼거리로 '그랜드 바자르'라는 시장이 있습니다. 그랜드 바자르는 '지붕이 있는 시장'이라는 의미인데, 터키 어로는 '카파르 차르쉬'라고 부릅니다. 그랜드 바자르는 동서 무역의 중심지 역할을 했던 곳이며, 중국에서 시작한 육상 실크로드의 종착점이자 유럽 대륙으로 나가는 해상 실크로드의 출발점 역할을 했던 곳입니다. 1461년에 만들어져 오늘날까지 이르고 있지요.

그랜드 바자르는 세계에서 가장 크고 오래된 실내 시장이기도 합니다. 현재 5천여 개의 상점이 있고, 안에서 길을 잃으면 밖으로 나오기가 어려울 정도로 60여 개의 미로 같은 통로와 20여 개의 입구가 있습니다. 각종 보석류, 카펫, 향신료, 도자기, 기념품, 공예품, 특산품, 금·은 세공품 등 '없는 것 빼고 다 있다.'고 할 정도로 많은 물품들이 거래되고 있으며, 하루 이곳을 방문하는 관광객만 25만 명에서 40만 명 정도라고 합니다.

지구여행자의 말

동양과 서양을 동시에 경험할 수 있는 도시는 지구상에서 이스탄불이 유일합니다. 천 년이 넘도록 이어진 동로마 제국과 기독교의 역사와 문화, 500년 가까이 이어온 오스만 제국과 이슬람교의 역사와 문화가 공존하고 있으며 중국에서 시작된 육상 실크로드의 종착점이자 유럽 대륙으로 가는 해상 실크로드의 출발점이기 때문입니다. 이스탄불의 진정한 매력은 다른 제국과 종교, 문화가 한데 어우러져 독특한 문화로 발전했다는 점입니다. 만약 이스탄불을 방문할 기회가 생긴다면 동로마 제국과 오스만 제국, 기독교와 이슬람교가 조화롭게 공존하는 역사와 문화를 꼭 느껴 보길 바랍니다.

인물 이야기

로마 제국을 통일한 황제 콘스탄티누스 1세

(274~337 / 재위 : 306~337)

콘스탄티누스 1세는 흔히 콘스탄티누스 대제라고 부릅니다. 콘스탄티누스는 274년, 서쪽 로마의 부황제인 콘스탄티누스 클로루스 1세의 아들로 태어났습니다. 당시 로마는 디오클레티아누스 황제에 의해 4등분 되어 다스려지고 있었습니다. 로마를 크게 동과 서로 나누고, 또 동과 서를 각각 2등분해 총 4개의 지역으로 나누었던 것입니다. 그리고 각각 황제, 부황제를 두어 4개 지역을 독립적으로 다스리게 했습니다. 클로루스 1세는 로마의 서쪽 한 지역을 다스리는 부황제였습니다. 305년 동쪽 로마의 디오클레티아누스 황제가 갑자기 황제의 자리를 내려놓으면서, 서쪽 지역 황제도 함께 물러나도록 했습니다. 그래서 부황제였던 클로루스 1세가 자연스럽게 황제가 되었습니다. 그러나 클로루스 1세는 다음 해인 306년 전쟁터에서 병으로 죽고 말았습니다. 마침 아버지와 함께 전쟁에 나섰던 콘스탄티누스가 아버지의 뒤를 이어 황제의 자리에 올랐습니다. 하지만 다른 지역의 황제와 부황제들은 콘스탄티누스의 지위를 인정하지 않았습니다. 이때부터 로마는 분열되기 시작했지요.

이스탄불의 다른 이름인 콘스탄티노플은 '콘스탄티누스의 도시'라는 뜻이지.

콘스탄티누스는 힘이 모든 것을 지배한다고 생각해 많은 정복 전쟁에 나섰고, 전쟁에서 승리해 확실한 힘을 손에 쥐었습니다. 그리고 다른 지역 황제들과의 힘겨루기에서도 승리해, 312년 로마 원로원으로부터 정식으로 서쪽 로마 황제로 인정받았습니다.

313년에는 동쪽 지역 황제인 리키니우스와 동맹을 맺고, 로마를 2등분해 서쪽은 자신이, 동쪽은 리키니우스가 다스리는 지배 체제로 바꾸었습니다. 그리고 같은 해 밀라노에서 리키니우스와 함께 밀라노 칙령(勅令)을 공포해 기독교 박해를 중지하고 기독교를 로마 제국의 종교로 인정했습니다. 또 324년에는 리키니우스마저 격파하고, 로마 제국을 통일해 유일한 황제가 되었습니다.

330년에는 풍요로운 동쪽 지역을 개발하기 위해 리키니우스의 본거지였던 비잔티움으로 제국의 수도를 옮겨, 콘스탄티노플이라 이름 지었습니다. 콘스탄티누스는 말년에 아들과 아내를 의심해 죽이는 등 평화롭지 못했지만 기독교에 대한 공이 크다고 해 기독교에서는 그를 성인으로 공경하고 있습니다.

제2장

건축의 멋과 아름다움을 세상에 알린 도시

상트페테르부르크 · 바르셀로나

세계의 유명 도시들, 특히 역사가 오래된 도시들을 보면 가장 먼저 눈에 띄는 것이 화려하고 웅장한 건축물들입니다. 과거에는 오늘날처럼 건축 도구들이 발달하지 못했는데도 어쩌면 그렇게 멋있고, 감탄이 절로 날 정도의 건축물들을 세웠는지 정말 놀라워요!

　상트페테르부르크와 바르셀로나는 바로 그런 건축물들을 볼 수 있는 대표적인 도시예요. 그런데 두 도시는 사람 이름이 들어가는 다른 이름을 가지고 있다는 공통점이 있어요. 상트페테르부르크는 '성 베드로의 도시', 바르셀로나는 '가우디의 도시'라는 다른 이름이 있답니다.

　상트페테르부르크는 300년이라는 짧은 역사에도 불구하고 도시 전체가 유네스코 세계문화유산에 선정될 정도로 건축의 모든 것을 간직하고 있는 놀라운 도시예요. 바르셀로나는 가우디라는 천재 건축가가 설계하고 건축한 위대한 건축물들이 도시 곳곳에서 빛을 발하고 있고, 그가 만든 건축물을 보기 위해 세계 각지에서 사람들이 찾아오고 있답니다.

　두 도시가 간직하고 있는 놀라운 건축의 세계, 지금부터 좀 더 자세히 알아볼까요?

성 베드로의 도시
상트페테르부르크

위치 : 러시아 북서부 끝에 위치
면적 : 1,439㎢(서울은 605㎢)
인구 : 5,100,000명
특징 : 건축 박물관의 도시

역사 표트르 대제의 꿈과 야망의 도시

    상트페테르부르크는 러시아 북서부 끝 핀란드 만 안쪽에 있는, 많은 섬들과 많은 다리로 연결된 물의 도시이면서 러시아에서는 두 번째로 큰 도시입니다. 그래서 북쪽의 베네치아라는 별명도 있습니다. 러시아 제1의 도시이자 수도인 모스크바보다 북쪽에 있지만 온화한 해양성 기후여서 모스크바보다 따뜻합니다.
    원래 이 지역은 사람이 살지 않는 버려진 습지였고, 이름조차 없는 땅이었습니다. 15세기에는 모스크바 공국의 영토였다가 1600년대에 스웨덴이 잠시 이 지역을 차지한 적이 있었습니다. 그러다가 러시아 황제인 표트르 대제가 다시 이곳을 빼앗았고, 1701년 이곳을 북유럽으로 가는 전진 기지로 만들기 위해 도시 건설을 발표했습니다. 상트페테르부르크를 우리말로 옮기면 '성 베드로의 도시'라는 뜻입니다. 베드로의 러시아식 이름이 '표트르'이니까 다시 말하면 '성 표트르의 도시'가 됩니다. 당시에는 러시아 황실이 독일과 인연이 깊었기 때문에 독일식으로 이름을 지었습니다.

그런데 러시아가 독일과 제1차 세계대전을 치르고 있던 1914년, 당시 러시아 황제인 니콜라이 2세는 '페테르부르크'라는 이름이 지나치게 독일식이라고 판단합니다. 그래서 도시라는 의미의 '부르크'를 고대 러시아 어인 '그라드'로 바꾸어 상트페테르부르크는 1914년부터 '페트로그라드'가 되었습니다. 하지만 1917년 볼셰비키 혁명으로 러시아 제국이 막을 내리자, 7년 후인 1924년 러시아 시민들은 러시아 혁명의 아버지 레닌의 이름을 따서 페트로그라드를 '레닌그라드'로 바꾸어 버렸어요. 이후 상트페테르부르크는 러시아의 공산주의 체제가 무너지기 전까지 레닌그라드라는 이름으로 불렸습니다. 그러다가 1991년 러시아의 공산주의 체제가 붕괴되자 시민들은 투표를 실시했고, 옛 이름인 상트페테르부르크가 압도적인 지지를 받아 원래의 이름을 되찾게 되었습니다.

상트페테르부르크는 이름만큼이나 많은 역경을 거친 도시입니다. 원래 이곳은 네바 강 하구의 늪지대였기 때문에 도시를 건설할 수 있는 환경이 아니었습니다. 이런 지역에 표트르 대제는 왜 도시를 건설하려 했을까요?

여기에는 크게 두 가지 뜻이 있었습니다. 하나는 전략적 요충지를 확보하기 위해서였습니다. 당시 러시아는 스웨덴과 전쟁 중이었는데, 표트르 대제는 이곳을 확보하는 길이 전쟁에서 이기고, 또 북방의 침략으로부터 러시아를 지키는 일이라고 생각했습니다.

다른 하나는 유럽으로 가는 길을 열기 위해서였습니다. 표트르 대제 이전의 황제들은 지중해의 패권을 장악하기 위해 남쪽으로의 진출을 시도했지만 모두 실패했습니다. 그래서 눈을 돌리게 된 곳이 바로 북유럽이었습니다. 북유럽으로 가는 전초 기지가 상트페테르부르크가 되었던 거지요.

게다가 표트르 대제는 완전히 유럽식 도시를 꿈꾸었습니다. 표트르 대제는 황제가 된 뒤, 약 1년 6개월 동안 유럽을 순방한 적이 있었습니다. 그는 이 기간 동안 노동자들과 어울려 함께 일하면서 유럽의 우수한 문물을 직접 몸으로 겪었습니다. 그리고 돌아오자마자 러시아의 변화를 주도했습니다. 표트르 대제에게 유럽 순방의 경험은 유럽으로의 길을 갈망하게 하는 원인이 되었고, 그 결과물이 바로 상트페테르부르크였던 것입니다.

하지만 늪지대에 도시를 건설하는 것은 쉬운 일이 아니었습니다. 표트르 대제가 1701년 이곳에 도시를 건설한다고 했을 때 거의 모든 사람들이 미친 짓이라고 생각했습니다. 그러나 표트르 대제는 반대를 무릅쓰고 도시 건설을 강행했습니다. 1703년 페트로파블로프스크 요새를 새로 짓는 공사가 시작되었습니다. 원래 스웨덴과의 전쟁을 위해 지어진 나무 요새였는데, 돌로 바꾸는 공사를 한 것입니다.

공사는 처음부터 난관에 부딪혔습니다. 늪지대에서 돌을 구하기

상트페테르부르크는 유럽 느낌이 물씬 나는 곳이야!

가 어려웠기 때문이었지요. 이때 표트르 대제가 생각해 낸 방법이 '돌 통행세'였습니다. 상트페테르부르크를 지나는 모든 사람들에게 통행세로 큰 돌 2개를 바치도록 했고, 주변 나라에서 모든 종류의 돌들을 들여왔습니다. 그리고 러시아 내 다른 도시에서는 돌을 사용한 건물, 즉 석조 건물을 짓지 못하도록 했습니다.

돌이 확보되어도 요새를 둘러싼 화강암 성벽을 만드는 데만 35년 이라는 시간이 걸렸습니다. 또 돌을 운반하는 것도 보통 어려운 일이 아니었지요. 불과 3년의 공사 기간 동안 약 15만 명 가까운 사람들이 희생당했습니다. 그래서 사람들은 이곳을 '뼈 무덤 위에 세워진 도시'라고도 합니다. 상트페테르부르크는 표트르 대제의 꿈과 열정이 실현된 곳이라고 하지만 수많은 사람들의 희생이 없었다면 결코 존재할 수 없었을 거예요.

표트르 대제는 도시 건설에 모든 열정을 쏟아부었습니다. 공사가 시작되고 나서는 궁전 대신 건설 현장에 작은 오두막에서 생활하며 직접 도시 건설을 살펴보았습니다. 그리고 유럽 최고의 건축가들을 데려와 유럽에서 가장 아름다운 도시를 만들도록 했습니다. 그 결과 상트페테르부르크는 유럽의 모든 건축 양식을 볼 수 있는, 가장 멋있고 아름다운 건축물을 간직한 도시로 탄생했습니다.

표트르 대제는 도시의 모습이 어느 정도 갖추어지자, 1712년 수도를 아예 이곳으로 옮겨 버렸습니다. 이때부터 상트페테르부르크는 1918년까지 약 200년 동안 러시아의 수도로, 도시의 아름다움을 세상에 알리게 되었습니다.

성 이삭 성당, 겨울 궁전, 여름 궁전

상트페테르부르크에는 유난히 많은 종교 건축물들이 있는데, 그 중에서도 가장 유명한 건축물은 페트로파블로프스크 성당과 성 이삭 성당입니다. 페트로파블로프스크 성당은 21년에 걸쳐 완공한 성당인데, 1895년 성 이삭 성당의 종탑이 세워지기 전에는 상트페테르부르크에서 가장 높은 황금 종탑이 이 성당에 있었습니다. 도시를 건설한 표트르 대제의 시신도 이 성당 안에 묻혀 있습니다.

성 이삭 성당은 표트르 대제의 생일을 기념해서 만든 성당인데, 높이가 100미터가 넘습니다. 상트페테르부르크에서 가장 높은 건축물이지요. 1818년 5월 30일 공사를 시작한 이래 50만 명 이상의 사람

들을 동원해 1858년 5월 30일에 완공했습니다. 그 규모도 어마어마해 만 명이 넘는 사람이 동시에 미사를 드릴 수 있어요.

이 성당에서 가장 눈길이 가는 곳은 바로 성당 전망대에서 볼 수 있는 황금으로 만든 돔입니다. 돔을 도금하는 데 들어간 금만 100킬로그램이 넘어요. 현재는 미술관으로 사용하고 있고, 150점 이상의 그림과 조각이 전시되어 있습니다.

상트페테르부르크에 있는 많은 건축물 중 가장 화려하고 아름다운 것은 겨울 궁전입니다. 1711년에 완공된 겨울 궁전은 평소 검소한 생활을 했던 표트르 대제의 뜻에 따라 평범한 모습이었습니다.

그런데 겨울 궁전을 지금처럼 화려하게 바꾼 것은 표트르 대제의

겨울 궁전을 언제 다 돌아봐?

딸인 엘리자베타였습니다. 화려한 궁전을 갖고 싶었던 그녀는 10년의 공사 끝에 겨울 궁전을 전혀 다른 모습으로 바꾸어 놓았습니다. 궁전의 전체 둘레는 2킬로미터나 되고, 1,050개나 되는 방과 120개의 계단, 2,000개가 넘는 창문이 있으며, 내부는 대리석과 고급 목재, 천장과 벽은 금으로 도금했습니다.

오늘날 겨울 궁전은 국립 에르미타슈 미술관(박물관)으로 사용되고 있습니다. 그건 예카테리나 2세의 영향이 컸습니다. 당시 프로이센(현재의 독일)에서 러시아로 시집 온 예카테리나 2세는 프로이센의 왕이었던 프리드리히 2세에게 받을 빚이 있었습니다. 예카테리나 2세는 프리드리히 2세의 빚을 삭감해 주는 대가로 200여 점의 그림을 받았

영화 속 주인공이 된 기분이야.

습니다. 그녀는 이 그림으로 궁전을 꾸미기 시작했습니다. 그러다가 미술품들을 사 들이기 시작했고, 그렇게 해서 궁전은 차츰 미술관으로 변해 간 것이지요.

현재 이 미술관이 소장하고 있는 작품은 270만 점이 넘는다고 합니다. 작품 하나를 보는데 1분이 걸린다고 해도, 모든 작품을 보려면 5년이라는 시간이 걸리고, 걷는 거리도 27킬로미터나 되지요. 그래서 에르미타슈 미술관은 프랑스의 루브르 박물관, 영국의 대영 박물관과 더불어 세계 3대 박물관으로 불리기도 합니다.(세계3대 박물관에는 에르미타슈 박물관 대신에 바티칸 박물관을 넣기도 해요.)

겨울 궁전이 가장 아름답고 화려한 궁전이라면 가장 거대하고 호화로운 궁전이 바로 '페테르고프'라 불리는 여름 궁전입니다. 여름 궁전은 러시아의 '베르사유 궁전'이라고도 합니다. 그 이유는 프랑스의 베르사유 궁전을 둘러 본 표트르 대제가 러시아 황제의 권위를 과시할 목적으로 베르사유 궁전보다 더 크게 지은 것이 여름 궁전이기 때문이지요.

여름 궁전은 도심에서 조금 떨어진 곳에 있는데, 평소 검소함을 추구했던 표트르 대제의 건축물 중 유일하게 호화로운 건축물입니다. 여름 궁전은 1714년 공사를 시작해 1724년에 완공되었는데, 실제로는 더 오랜 세월 동안 지어졌습니다. 궁전 안에는 20여 개의 건물과 수십 개의 화려한 분수, 그리고 그 분수를 장식한 황금 조각상, 여러 개의 아름다운 공원 등이 있습니다.

상트페테르부르크는 또 혁명의 도시이자, 2년 넘게 독일군의 공격

황금조각상이 눈부셔!

을 막아낸 영웅의 도시이기도 합니다. 상트페테르부르크는 1825년 청년 장교들이 러시아 왕정의 가혹한 정치를 규탄하며 일어선 혁명의 현장이었습니다. 또 1905년 러시아 혁명을 알리는 '피의 일요일'이 일어난 곳입니다. 피의 일요일은 노동자들의 평화 시위를 무차별 학살해 수천 명의 사상자를 낸 사건입니다. 이 사건은 러시아 황제에 대한 국민들의 반감을 일으켰고, 왕정을 무너뜨리는 계기가 되었습니다. 그리고 러시아는 1917년 레닌에 의한 볼셰비키 혁명이 일어나 왕정은 무너지고 사회주의 나라가 되었습니다. 이 모든 혁명이 일어난 곳이 바로 상트페테르부르크입니다.

상트페테르부르크가 영웅의 도시라는 이름을 얻게 된 것은 제2차 세계대전 때의 일입니다. 1941년 9월 독일의 히틀러는 상트페테르부르크 방어선을 돌파하고 나서 이곳을 봉쇄하라는 명령을 내렸습니다. 도시를 점령하게 되면 추운 겨울 동안 주민들을 먹여 살려야 하는 부담감이 있었기 때문에 히틀러는 주민들을 굶겨 죽여서 항복을 받을 속셈이었지요.

독일군은 무려 900일 동안이나 모든 음식과 연료 공급을 끊었습니다. 그 결과 시민들이 질병과 굶주림으로 죽어갔지만 상트페테르부르크 시민들은 결코 독일군에게 항복하지 않았습니다. 굶주림을 이겨낸 사람들은 그 와중에 모스크바에 공급할 무기까지 만들었다고 합니다.

상트페테르부르크 시민들은 어떻게 900일 동안이나 독일군의 포위에서 버텨낼 수 있었을까요? 라도가 호수의 생명 길(이 호수의 얼음 길을 통해 많은 사람들이 피신할 수 있었다고 해요.) 덕분이었지만 시민들의 용기와 의지가 없었다면 불가능했을 겁니다. 그래서 1945년 전쟁이 끝나자 스탈린은 상트페테르부르크에 '영웅 도시'라는 칭호를 주었습니다.

지구여행자의 말

상트페테르부르크는 300년이 조금 넘는 비교적 짧은 역사를 지니고 있지만 모든 것을 가진 도시라고 말할 수 있습니다. 수많은 사람들의 죽음 위에 세워진 도시이면서, 또 표트르 대제의 꿈과 야망이 실현된 도시이며, 수많은 건축가들의 꿈이 표현된 도시이며, 러시아 시민들의 용기와 의지가 서려 있는 도시이기 때문이지요.
상트페테르부르크를 방문할 기회가 생긴다면 이 도시가 간직한 놀라운 모습을 꼭 가슴 속에 새겨 보길 바랍니다.

인물 이야기

러시아 역사상 가장 뛰어난 지도자 표트르 대제

(1672~1725 / 재위 : 1682~1725)

표트르 대제는 '표트르 1세'라고도 불리는데, 아버지인 알렉세이 황제가 일찍 죽자 10세 때 황제의 자리에 올랐습니다. 하지만 이복 누나인 소피아 공주의 쿠데타로 모든 실권을 잃고 궁에서 쫓겨나 모스크바 근교에서 생활했습니다. 궁에서 쫓겨나는 바람에 정규 교육은 거의 받지 못했지만 스스로 여러 가지 지식과 기술을 익혔습니다.

그러던 중 1689년 귀족들이 터키와의 전쟁에서 패한 책임을 소피아 정권에게 묻자 그 기회를 틈타 소피아를 몰아내고 다시 정권을 잡았습니다.

1697년 서유럽 국가들이 동맹을 체결해 터키의 오스만 제국에 대항해야 한다며 각국에 사절단을 파견했습니다. 표트르는 자신도 사절단의 일원으로 변장해 러시아 황제로서는 처음으로 서유럽 각국을 여행했습니다. 그는 서유럽 여행에서 포술과 조선술 등을 익혔습니다.

1년 6개월 동안의 서유럽 견문을 마친 표트르는 귀국하자마자 복장을 비롯해 수염을 기르는 습관까지 모두 유럽식으로 바꾸었습니다. 그리고 1700년에는 스웨덴과 북방 전쟁을 벌였습니다. 이 전쟁은 상

상트페테르부르크가
발달한 건 표트르
대제 덕분이지.

트페테르부르크라는 도시가 탄생하는 결정적 계기가 되었습니다. 표트르는 1703년 네바 강 하구의 늪지대에 새로운 도시를 건설하기 시작했습니다. 그곳을 스웨덴과의 전쟁에서 승리하기 위해 전진기지로 삼을 목적이었고, 유럽으로 길을 여는 도시로 만들 생각도 있었지요. 1712년에는 수도를 이곳으로 옮기고 모든 열정을 쏟아 부었습니다.

표트르는 1721년 스웨덴과의 전쟁에서 승리를 거두었고, 원로원으로부터는 '임페라톨(황제)'이라는 칭호를 받아 '대제'로 불리게 되었습니다.

표트르 1세는 러시아 역사상 가장 뛰어난 통치자이자 개혁가라고 할 수 있으며, 그가 모든 열정을 쏟아 만든 상트페테르부르크는 러시아가 세계 최대 강국의 하나로 성장하는 데 중요한 역할을 했다고 평가받고 있습니다.

가우디의 도시
바르셀로나

위치 : 에스파냐 북동부에 위치
면적 : 100㎢(서울은 605㎢)
인구 : 159만 명
특징 : 에스파냐 제2의 도시, 백작의 도시

역사
가장 독립성이 강한 도시

바르셀로나는 에스파냐 북동부 카탈루냐 지방의 중심 도시입니다. 바르셀로나는 에스파냐의 수도인 마드리드에 이어 제2의 도시이지만 일찍부터 상공업이 발달해 경제력은 마드리드보다 앞서 있지요.

바르셀로나 하면 세계 최고의 축구팀 'FC 바르셀로나'를 떠올리는 사람도 많을 겁니다. FC 바르셀로나는 축구 외적인 면에서도 사람들로부터 찬사를 받고 있는 팀입니다. 일반적으로 선수들이 입는 유니폼에는 기업의 광고가 새겨져 있습니다. 최고의 광고 효과를 낼 수 있기 때문에 많은 기업들은 천문학적인 돈을 내면서 기꺼이 광고를 합니다. 그런데 FC 바르셀로나는 이런 기업의 광고를 뿌리치고, 2006년

부터 5년 동안 유엔아동기금(유니세프)의 로고를 유니폼에 새기며 수익금 일부를 기부하고 있습니다.

　이처럼 바르셀로나는 축구로 유명한 도시이지만, 바르셀로나를 이야기할 때 가장 먼저 언급되는 말은 '가우디'입니다. 가우디는 바르셀로나가 낳은 세계적인 건축가입니다. 해마다 수많은 관광객들이 가우디의 건축물들을 보러 바르셀로나를 방문하고 있으니, '가우디의 도시'라고 해도 틀린 말은 아닙니다.

　바르셀로나는 기원전 12세기경 지중해 연안을 장악했던 페니키아인들이 세운 도시를 기원으로 발달했습니다. 바르셀로나라는 이름도 페니키아 어인 '바르케노(Barkeno)'에서 유래되었다고 하지요.

　바르셀로나가 본격적으로 도시의 모습을 갖춘 것은 샤를마뉴 대제(742~814)가 이 지역을 이슬람 세력으로부터 빼앗아 지배하면서부터입니다. 샤를마뉴(Charlemagne) 대제는 독일에서는 '카를 대제(Karl Magnus)'로 불리고, 영어로는 '찰스 대제(Charles the Great)'라고도 합니다. 샤를마뉴 대제는 당시 전 유럽에 걸쳐 막강한 힘을 자랑했고, 기독교를 보호했던 왕입니다. 샤를마뉴 대제는 이 지역을 정복하고 나서 신하 중 한 사람을 백작으로 임명해 다스리게 했습니다. 그래서 바르셀로나는 '백작의 도시'라는 이름도 얻었습니다.

당시에는 에스파냐 대부분의 지역이 이슬람 세력의 영향 아래 있었는데, 바르셀로나가 있는 카탈루냐 지방은 이슬람 세력에서 벗어나 기독교 정신으로 저항하면서 살아왔습니다. 그래서 지금도 카탈루냐 지방 사람들은 에스파냐의 다른 지역 사람들과는 다르다고 여기고 있으며, 굉장한 우월감을 갖고 있습니다. 게다가 카탈루냐 지방은 에스파냐 어 외에 카탈루냐 어를 따로 사용할 정도로 에스파냐 내에서도 독립성이 강한 지역입니다.

카탈루냐 지방은 12세기부터 지중해 무역을 중심으로 상공업이 발달해 엄청난 부를 쌓았습니다. 그런 까닭에 카탈루냐 지방은 다른 지역과는 비교할 수 없을 정도로 경제적으로도 매우 수준이 높았습니다.

카탈루냐 지방 사람들이 처음으로 독립의 의지를 표출한 것은 15세기부터입니다. 카탈루냐 지방은 1469년 아라곤의 페르난도 왕이 카스티야의 이사벨 여왕과 결혼함으로써 카스티야 왕국의 일부가 되었습니다. 그때까지 정치·경제적으로 자치권을 행사하며 살아왔던 카탈루냐 사람들은 카스티야 사람들의 간섭을 받게 되자 불만이 쌓였습니다. 1640년 이들은 불만이 폭발해 반란을 일으켰으나 결국 실패로 끝나고 말았습니다.

하지만 카탈루냐 사람들의 독립 의지는 식지 않았고, 그들은 상업과 공업을 더욱 발전시켜 나가며 독립 의지를 불태웠습니다. 1918년 제1차 세계대전이 끝나고 난 뒤에는 격렬한 시위를 벌여 무정부 상태가 되기도 했습니다. 1931년에는 왕정이 붕괴되고 난 후, 독립은 아

난 제일 먼저 성 가족 성당을 보러 가야지.

바르셀로나는 독특한 건축물을 도시 곳곳에서 볼 수 있어.

니지만 일시적으로 자치권을 얻었습니다. 그러나 1939년 군부 독재자 프랑코 총통이 집권하면서 자치권을 다시 빼앗기고 말았습니다. 게다가 카탈루냐 어의 공식적인 사용도 금지 당했습니다. 1975년 총통이 죽고 나서야 카탈루냐 지방은 다시 자치권을 획득했고, 카탈루냐 어 사용도 허용되었습니다.

지금도 바르셀로나를 품고 있는 카탈루냐 지방 사람들은 자신들은 에스파냐와 많이 다르다고 생각하고 있고, 중앙 정부에 끊임없이 독립을 요구하고 있습니다.

성 가족 성당, 구엘 공원, 피카소 미술관

바르셀로나는 그 역사만큼이나 다른 지역에서는 느낄 수 없는 독특한 아름다움과 귀족적인 모습을 풍기는 도시입니다. 거기에는 가우디의 건축물들이 한몫을 하고 있습니다. 가우디의 건축물은 다른 데서는 찾아볼 수 없는 특별함과 매력이 넘치지요.

가우디의 건축물 중 가장 유명한 것은 '사그라다 파밀리아 성당(성 가족 성당)'입니다. '사그라다 파밀리아'는 '성 가족'을 뜻하고, 여기서 성 가족은 예수님과 마리아, 요셉, 즉 예수님의 가족을 의미합니다.

성 가족 성당은 1882년 짓기 시작했지만 아직도 공사가 진행되고 있습니다. 원래 성 가족 성당은 가우디의 스승인 '비야르'가 설계를 맡아 1882년에 착공했습니다. 그런데 비야르는 당시 건축을 의뢰한 사람과 비용 문제로 다투어서 물러나고, 제자인 가우디가 1883년부터 맡게 되었습니다.

가우디는 모든 부분을 재검토해 새로 설계했고, 죽을 때까지 40년이 넘도록 성당을 짓는 데 모든 정열을 쏟았습니다. 가우디가 죽은 뒤, 에스파냐 내전과 제2차 세계대전, 그리고 건축 비용 문제로 공사가 잠시 중단된 적도 있었는데, 1953년부터 공사를 다시 시작해 지금까지 이어오고 있습니다.

성당의 건축 비용은 처음에는 후원자들의 기부금으로 댔고, 지금은 관광객들이 내는 입장료로 충당하고 있습니다. 가우디가 죽은 지 100년이 되는 2026년 완공 예정이라고 하는데, 어디까지나 예정이고,

언제 완공될지 알 수 없다고 합니다.

성 가족 성당의 구조는 크게 3개의 파사드(건축물의 출입구가 되는 정면)로 이루어져 있습니다. 북쪽을 제외한 동, 서, 남쪽에 각각 '탄생, 수난, 영광'의 파사드를 배치하고, 각 파사드는 4개의 첨탑으로 이루어져 있습니다. 가우디가 죽을 때는 탄생의 파사드만이 완성되었고, 가우디 사후에 수난의 파사드가 완성되었으며, 영광의 파사드는 2002년부터 공사를 시작했습니다.

성 가족 성당에는 모두 18개의 첨탑이 들어선다고 하는데, 각 첨탑은 예수님과 마리아, 12제자, 4명의 복음사도를 상징한다고 합니다. 현재 첨탑은 탄생과 수난 파사드에 있는 8개 첨탑만 완성되었고, 10개는 아직 세워지지 않았습니다. 각 첨탑은 모두 옥수수 모양으로 되어 있고, 천장은 별 모양의 독특한 무늬로 가득 차 있습니다. 성 가족 성당은 미완성의 건축물이지만 유럽의 유명한 성당들과는 차별화된 규모와 아름다움으로 매년 수백만 명의 관광객들이 찾고 있습니다.

가우디의 건축물 중 또 하나 빼놓을 수 없는 것이 바로 '구엘 공원'입니다. 구엘 공원은 바르셀로나 도심에서 조금 벗어난 교외에 있는데, 이곳은 원래 전원 도시를 만들 목적으로 설계되었다고 합니다. 공원의 이름 '구엘'은 가우디의 경제적 후원자였던 '구엘 백작'의 이름에서 따온 것입니다.

가우디와 구엘 백작은 이곳에 60호 이상의 전원주택을 지어 부유층에게 분양할 계획이었습니다. 하지만 경사가 진데다가 돌이 많아서 집을 짓는 데 어려움이 많았습니다. 1900년부터 1914년까지 공사를 진행했지만 가우디가 머물던 집(현재 가우디 박물관으로 사용하고 있음.)을 포함한 건물 두 채와 중앙광장, 타일로 만든 벤치 등만 지은 채 방치되었습니다. 그러자 1922년 바르셀로나 시의회가 이곳을 사들였고, 이듬해부터 공원으로 바꾸었습니다.

　구엘 공원은 입구부터 독특함을 자아냅니다. 정문 입구의 왼쪽과 오른쪽에 있는 관리소 건물은 독특한 모자이크로 장식되어 있어 '과자의 집'이라고 불리기도 합니다. 정면 입구를 지나면 두 갈래의 돌계단이 나오는데, 그 사이에는 화려한 타일로 만들어진 분수 조각이 있습니다. 돌계단을 지나면 그리스 신전의 돌기둥을 연상시키는 독특하게 장식된 86개의 돌기둥이 나옵니다. 이 돌기둥이 떠받치고 있는 중앙 광장에 올라가면 가장 눈에 띄는 곳은 바로 광장 둘레를 따라 다양한 색깔의 타일로 만든 물결 모양의 벤치입니다. 이 벤치에 앉아 있

저기 있다. 구엘 공원의 상징, 도마뱀!

으면 바르셀로나 시내와 지중해 바다를 한눈에 볼 수 있습니다. 구엘 공원은 성 가족 성당만큼이나 가우디의 천재적인 재능과 독특함이 발휘된 훌륭한 건축물로 평가받고 있습니다.

바르셀로나에서 빼놓을 수 없는 또 다른 인물이 있는데, 바로 천재 화가 '파블로 피카소(1881~1973)'입니다. 피카소는 에스파냐 남부의 항구 도시인 말라가 출신인데, 바르셀로나는 피카소가 14세 때 부모님을 따라 와서 청년 시절을 보내며 미술 공부를 한 곳입니다.

피카소에 대한 바르셀로나 사람들의 자부심은 대단하다고 합니다. 바르셀로나에는 피카소 미술관이 있는데 이 미술관이 들어서게 된 과정을 보면 피카소가 바르셀로나를 얼마나 사랑했는지 알 수 있습니다. 피카소와 친한 친구 중에 사바레스라는 사람이 있었습니다. 사바레스는 피카소의 작품에 남다른 애정을 갖고, 70년 가까이 피카

바로셀로나에서 피카소의 작품을 보게 될 줄이야!

소의 작품을 수집해 왔습니다. 피카소의 초기 작품들은 대부분 친구인 사바레스와 피카소의 가족들이 소장해 왔는데, 무려 천여 점이나 된다고 합니다.

그런데 이러한 사실이 외부에 알려져서 전 세계의 많은 수집가들이 사바레스와 가족에게 작품을 팔 것을 요청했습니다. 사바레스와 가족들은 작품을 팔아 부유한 생활을 할 수 있었지만 그 요구에 응하지 않았습니다. 사바레스는 1968년 세상을 떠나면서 자신이 보관해 오던 피카소의 모든 작품을 피카소가 태어난 말라가에 기증할 뜻을 피카소에게 밝혔습니다. 그런데 피카소는 자신의 작품을 말라가에 기증하지 않고 바르셀로나에 기증해 세상을 놀라게 했습니다. 그렇게 해서 바르셀로나에 피카소 미술관이 들어서게 된 것이지요.

지구여행자의 말

바르셀로나는 천재 건축가 가우디에 대한 기대로 우리의 마음을 두근거리게 하는 도시입니다. 그리고 가우디의 유산을 직접 보면 기대 이상의 감동을 느끼고 탄성이 절로 나오지요. 그런 까닭에 바르셀로나는 에스파냐의 한 도시이지만 에스파냐와는 사뭇 다른 독특한 분위기를 풍깁니다. 혹시 바르셀로나에 가게 될 기회가 생긴다면 바르셀로나 시민들의 자부심이 배어 있는 도시의 매력과 가우디의 독특한 건축미를 꼭 느껴 보길 바랍니다.

인물 이야기

천재적인 건축가 안토니오 가우디
(1852~1926)

가우디는 1852년 6월 25일 에스파냐 북동부 카탈루냐의 작은 마을 레우스에서 태어났습니다. 할아버지와 아버지는 모두 구리 세공인이었는데, 가우디의 재능도 이런 집안의 유전자를 물려받았다고 볼 수 있습니다. 가우디는 17세 때에 바르셀로나의 건축 전문학교에 입학했습니다. 학창 시절에는 성 가족 성당을 처음 설계한 비야르의 조수로 설계 활동에 참가했고, 졸업 이후 독자적으로 일을 시작했습니다.

가우디는 1878년 프랑스 만국박람회에서 평생의 후원자 구엘 백작을 처음 만났습니다. 당시 가우디가 출품했던 진열장을 보고 그의 재능을 알아본 구엘은 곧바로 가우디를 찾아갔고, 이때부터 두 사람은 평생을 함께하는 동반자가 되었습니다. 가우디는 구엘의 후원으로 구엘 저택, 구엘 공원, 구엘 성당 등 '구엘' 이름이 들어간 건축물들을 많이 만들기 시작했습니다.

가우디는 1883년부터 죽을 때까지 43년 동안 성 가족 성당 건축에 매달렸습니다. 특히 죽기 10년 전부터는 아예 성당에서 노동자들과 숙식하며 성당을 짓는 데 열정을 쏟지요. 하지만 가우디는 이 성당의

가우디는 천재적인 건축가야!

완성을 보지 못하고 1926년 전차에 치여 생을 마감했습니다.

그런데 가우디의 죽음에는 안타까운 사연이 전하고 있습니다. 가우디가 처음 전차에 치였을 때는 죽지 않았는데 전차 운전수는 가우디를 노숙자라 생각하고 도망쳤고, 사람들이 다친 가우디를 병원에 데려가고자 택시를 찾았으나 그의 옷차림을 보고는 모두 승차를 거부했다고 합니다. 겨우 도착한 병원에서도 신분을 증명할 수 없어서 방치되었고, 결국 가우디는 치료가 늦어 숨을 거두고 말았습니다.

가우디는 성 가족 성당의 지하에 묻혀 있습니다. 원래 이곳은 가톨릭의 성인들만 묻힐 수 있는 곳인데, 성 가족 성당의 건축에 헌신한 그의 공을 인정한 교황청의 배려 덕분이라고 합니다.

가우디는 벽과 천장의 곡선미를 잘 살리고, 섬세하면서도 아기자기한 장식과 색채를 사용하는 데 천부적인 재능을 발휘한 건축가입니다. 그런 까닭에 가우디의 건축물은 7개나 유네스코 세계문화유산으로 지정되었습니다. 성 가족 성당, 구엘 공원, 카사 비센스, 카사 밀라, 카사 바트요, 구엘 저택, 콜로니아 구엘 성당이 그것입니다.

제3장

예술과 문화,
혁명으로 세상을 바꾼 도시

파리·프라하

프랑스의 수도 파리와 체코의 수도 프라하는 서로 닮은 점이 많은 도시예요. 예술과 문화의 도시이고, 많은 문화 유적들이 있으며, 혁명으로 세상을 바꾼 도시지요.

파리는 누구나 인정하는 예술과 문화의 도시입니다. 하지만 프라하는 아니지 않냐고요? 프라하는 모차르트가 가장 행복하게 작품 활동을 한 곳이고, 많은 문인들이 나왔으며, 해마다 많은 음악 축제가 열리는 음악의 도시이기도 해요.

게다가 두 도시는 혁명으로 좀 더 나은 세상을 만들었지요. 혁명은 어쩌면 예술과 문화를 사랑한 두 도시 사람들의 필연적인 운명이었는지도 모릅니다. 예술은 자유와 평등, 평화를 사랑하거든요. 예술과 문화를 사랑한 두 도시에서 억압과 독재는 반드시 없어져야 할 대상이었고, 두 도시는 혁명으로 그것을 무너뜨렸답니다.

그럼 지금부터 두 도시가 간직한 예술과 문화, 혁명의 모습을 좀 더 자세하게 살펴볼까요?

예술과 문화의 도시 파리

위치 : 프랑스 북부 일드프랑스 주
면적 : 105.4㎢(서울은 605㎢)
인구 : 2,240,000명
특징 : 빛의 도시, 혁명의 도시

 혁명과 예술의 상징

　파리는 세계의 예술과 패션, 문화를 선도하는 도시이자, 수많은 역사적 유산을 지닌 도시입니다. 또 파리는 자유와 평등을 얻기 위해 근대적 혁명이 일어난 역사적 장소이기도 합니다. 그래서 사람들은 파리를 '자유와 예술, 문화를 사랑하기에 인간이 꿈꾸는 모든 것이 존재할 수 있는 곳'이라고 말합니다. 그래서 오늘날 파리는 전 세계에서 가장 많은 관광객들이 찾으며, 가장 사랑받는 도시가 되었습니다. 유네스코는 1991년 파리 시내를 흐르는 센 강 주변을 세계문화유산으로 지정했습니다.
　파리 지역에 사람이 살았다는 기록은 카이사르가 쓴 『갈리아 전기』에 나옵니다. 『갈리아 전기』는 카이사르가 기원전 58년에서 기원전 51년 사이에 있었던 갈리아 전쟁에 관해 기록한 문서입니다. 갈리아는 오늘날 프랑스, 벨기에 근방을 일컫습니다. 『갈리아 전기』에는 카이사르가 이끄는 로마 군과 갈리아 족의 한 부족인 파리시이 족이 루테티아에서 전투를 한 기록이 나옵니다.

루테티아는 지금의 센 강에 있는 시테 섬을 중심으로 이루어진 마을을 로마 인들이 부른 이름인데, 프랑스 어로는 뤼테스라고 합니다. 뤼테스는 2~3세기경에 '파리'라는 이름으로 바뀌었는데, 이는 이곳에 살았던 파리시이 족의 이름에서 따온 말입니다.

뤼테스를 장악한 로마는 이곳에 로마식 도시를 건설했습니다. 이때 건설된 원형 경기장은 19세기에 발굴되어 역사적 유적지로 남아 있습니다. 이때부터 파리 지역의 파리시이 부족들은 로마의 지배를 받으며 점차 로마화되었고, 도시를 발전시켜 나갔습니다.

파리에 처음으로 독립된 왕국이 생긴 것은 5세기 후반입니다. 476년 서로마 제국이 멸망하자 북쪽의 게르만 족이 지금의 프랑스 지역으로 대거 이동했습니다. 게르만 족의 한 부족인 프랑크 족의 클로비스는 파리 지역에 자주 침입했던 훈족을 몰아내고, 481년 자신들의 왕국인 프랑크 왕국을 세워 메르빙거 왕조(481~751)를 열었습니다. 그리고 508년에는 파리를 프랑크 왕국의 수도로 삼았습니다.

프랑크 왕국의 최전성기는 메르빙거 왕조를 이은 카롤링거 왕조(751~843) 때입니다. 하지만 카롤링거 왕조 때 파리는 프랑크 왕국의 수도가 아니었습니다. 당시 수도는 엑스라샤펠(오늘날 독일의 아헨)이

파리는 볼거리가
너무 많아.

파리는 문화와 예술의 도시야.
그래서 많은 관광객이
찾고 있지.

었습니다.

카롤링거 왕조의 샤를마뉴 대제는 왕국의 전성기를 이끈 왕입니다. 그는 800년에 교황의 도움으로 서로마 황제에 오르기도 했지요.

그런데 샤를마뉴 대제가 죽은 뒤 프랑크 왕국은 아들들에 의해 동프랑크(오늘날 독일), 중프랑크(오늘날 이탈리아), 서프랑크(오늘날 프랑스)로 분열되었습니다. 이들 중 중프랑크는 동프랑크와 서프랑크에 흡수되었고, 이후 서프랑크는 바이킹 족의 침입으로 100년이 넘도록 혼란을 겪었습니다. 이 혼란을 잠재운 사람이 위그 카페입니다. 그는 987년에 카페 왕조를 세워 프랑스 지역을 통치했고, 파리는 다시 왕조의 중심 도시가 되었습니다. 카페 왕조 이후 프랑스를 통치한 발루아 왕조(1328~1589)와 부르봉 왕조(1589~1792, 1814~1830)는 모두 카페 왕조의 한 분파로 볼 수 있기 때문에 카페 왕조는 프랑스를 800년 넘게 통치한 최장수 왕조라 할 수 있습니다.

파리는 카페 왕조의 성장과 함께 발전하기 시작했습니다. 12세기 말에 즉위한 필리프 2세는 도시의 성벽을 축조하고 중세 도시로서의 체제를 갖추기 위해 노력했습니다. 특히, 루이 9세는 모든 부분에서 프랑스의 발전을 이끈 왕입니다. 13세기 초에는 파리 대학을 만들어 학문을 장려하기도 했지요. 파리 대학의 신학부는 신학자 '로베르 드 소르봉'의 이름을 따서 '소르본'이라 불리며 중세 유럽 학문의 중심지 역할을 했습니다. 소르본은 오늘날에도 파리를 대표하는 대학이며, 빅토르 위고와 파스퇴르, 퀴리 부인 등이 이곳 출신이지요. 루이 9세는 죽은 후에 가톨릭 성인으로 추대되었고, '성왕 루이 9세'

로 불렸습니다.

1328년 샤를 4세가 후계자 없이 사망하자 카페 왕조는 막을 내렸고, 사촌 형제인 발루아가의 필리프 6세가 왕위에 오르면서 발루아 왕조가 시작되었습니다. 그런데 발루아 왕조의 시작으로 프랑스는 영국과 백년 전쟁(1337~1453)을 벌이게 되었습니다. 당시 샤를 4세의 누이 이사벨라는 영국 왕 에드워드 2세와 결혼해 에드워드 3세를 낳았습니다. 영국은 샤를 4세가 아들이 없이 죽자, 사촌보다는 이사벨라의 아들 에드워드 3세에게 왕위 계승권이 있다고 주장했습니다.

왕위 계승 문제로 시작된 영국과 프랑스의 다툼은 이후 영토 분쟁으로 이어져 100년이 넘는 세월 동안 기나긴 전쟁으로 이어졌습니다. 백년 전쟁은 처음에는 영국에 유리했지만 15세기 초 잔 다르크의 등장으로 프랑스는 전세를 뒤집을 수 있었고, 마침내 기나긴 전쟁은 막을 내렸습니다.

16세기 후반 파리는 또 한 번 전쟁의 소용돌이에 휘말리게 됩니다. 이른바 종교 전쟁이라 불리는 위그노 전쟁입니다. 16세기 초에 있었던 종교 개혁 후 가톨릭교는 신교(기독교)와 구교(가톨릭)로 분리되었는데, 위그노는 프랑스에서 신교를 믿는 사람들이었습니다. 이 위그노와 가톨릭 간의 다툼이 바로 위그노 전쟁입니다. 샤를 9세는 종교적 갈등을 해소하기 위해 여동생을 위그노의 나바르 왕에게 시집보냈는데, 결혼식에서 대규모 학살이 일어나면서 갈등은 더욱 심해졌습니다.

그런데 이 종교 전쟁은 왕조가 바뀌면서 끝났습니다. 샤를 9세의 뒤를 이은 앙리 3세가 후계자 없이 죽자 발루아 왕조는 막을 내렸습니다. 그리고 프랑스의 왕위는 1589년 위그노인 나바르 왕에게 계승되었는데, 그가 바로 부르봉 왕조의 창시자인 앙리 4세입니다. 원래 위그노였던 앙리 4세는 종교 갈등을 극복하기 위해 1598년 가톨릭으로 종교를 바꾸었고, 위그노들에게도 종교의 자유를 허용하면서 위그노 전쟁을 끝냈습니다.

앙리 4세는 즉위 후 센 강 최초의 다리인 퐁네프 다리를 건설하고, 도로와 광장을 확장하는 등 도시 정비 사업에 심혈을 기울였습니다. 그리고 왕권을 강화해 프랑스 절대왕정의 기초를 마련했습니다. 이후의 왕들도 도시를 정비하는 데 힘을 썼고, 루이 13세 때에는 많은 성당과 건축물들이 파리에 세워졌습니다.

베르사유 궁전을 지었던 루이 14세는 초기에는 국내 산업을 육성하고, 해외 무역을 통해 부를 축적하면서 프랑스를 강대국으로 만들었습니다. 그런데 베르사유 궁전을 짓는 데 막대한 돈을 쓰면서 국력은 약해졌고, 재정은 어려워졌습니다. 게다가 1774년 왕위에 오른 루이 16세는 궁전과 성당, 화려한 관청을 짓는 데 막대한 돈을 썼고, 나라의 재정은 거의 바닥나게 되었지요.

당시 파리는 카페 문화가 급속도로 발전하고 있었는데, 18세기경에는 700여 개의 카페가 파리에 있었다고 합니다. 사람들은 카페에 모여서 학문적 토론뿐 아니라 사회에 대한 문제점을 비판하면서 점차 의식적으로 변해 갔습니다.

결국 1789년 2월, 루이 16세에 대한 통치 불만과 보다 나은 사회를 갈망하는 파리 시민들은 바스티유 감옥을 습격하면서 혁명의 깃발을 올렸습니다. 프랑스 대혁명(1789~1794, 1799년까지 보는 경우도 있어요.)이 일어난 거지요. 프랑스 대혁명의 영향으로 부르봉 왕조는 1792년 막을 내렸고(1814년 부르봉 왕조는 잠시 부활했는데, 1830년 7월 혁명으로 다시 막을 내려요.), 루이 16세와 그의 부인 마리 앙투아네트는 1793년에 단두대에서 처형되었습니다. 그리고 프랑스는 공화국으로 바뀌었지요.

이후 프랑스는 나폴레옹이 등장하면서 다시 왕정으로, 1830년 7월 혁명과 1848년 2월 혁명으로 다시 공화정으로, 1852년 다시 왕정으로 바뀌는 등 혼란한 시기를 겪었습니다. 그러다가 1871년 파리 시민들은 무장 봉기를 해 왕정을 무너뜨리고 자치 정부(파리 코뮌)를 세웠습니다. 하지만 자치 정부는 정부의 강압적인 진압으로 많은 사상자를 내고 곧 무너졌고, 프랑스는 이후 공화국으로 바뀌어 현재까지 이어지고 있습니다.

파리는 도시 정비에 많은 노력을 기울였는데 여기에는 크게 두 가지 요인이 있습니다. 하나는 파리의 인구 밀도가 다른 도시에 비해 높아서였습니다. 파리는 서울의 6분의 1 크기인데 인구는 200만 명이 넘습니다. 공간은 좁은데 인구는 많다 보니 여러 가지 사회적 문제(전염병 발생)도 발생했고, 그래서 파리를 통치한 왕들 대부분이 도시 정비에 노력을 기울였지요.

오늘날과 같은 파리의 도시 형태는 19세기 나폴레옹 3세 때 주지사였던 조지 오스만에 의해 만들어졌습니다. 조지 오스만은 우선 도로를 확장하고, 상하수도와 녹지 공간을 넓히고, 공공건물들을 확충했으며, 파리 도심 공간을 주변으로 확장시켰지요. 그건 시민들의 폭동을 예방하기 위한 목적도 있었습니다. 폭동이 일어났을 때 군대의 진입을 쉽게 하려면 무엇보다 도로 정비가 필요했기 때문이지요.

또 다른 이유는 혁명의 도시라는 이미지를 벗기 위해서였습니다. 18세기와 19세기에 파리는 프랑스 대혁명과 7월 혁명, 2월 혁명의 중심지였기 때문에 혁명의 이미지가 강하게 남아 있었습니다. 파리 시민들은 파리라는 도시에 새겨진 혁명의 이미지를 벗고, 또 안정된 이미지를 주기 위해 여러 가지 기념물들을 만들고, 문화 예술가들의 동

파리의 센 강에서는 유람선을 꼭 타야지.

상을 건립했습니다.

현재 파리 시내에 있는 동상은 약 350여 개 정도인데, 그중 절반이 19세기와 20세기 초반에 세워졌습니다. 그리고 반 이상이 문화예술가들의 동상이랍니다. 이건 파리가 얼마나 문화와 예술을 사랑하는 도시인지 사람들에게 인식시켜 주는 계기가 되었지요.

파리는 20세기와 21세기에 들어서도 지속적으로 도시를 정비하는 한편, 시 외곽 쪽 개발도 추진해 살기 좋은 환경을 갖춘 도시로 바뀌어 가고 있습니다. 오늘날에도 파리는 예술과 문화의 도시 이미지를 유지하기 위해서 끊임없이 다양한 문화 행사와 축제를 열고 있으며, 역사와 문화를 지키고 보존하기 위해 노력하고 있습니다.

에펠 탑, 루브르 박물관, 노트르담 대성당, 베르사유 궁전

'파리' 하면 가장 먼저 떠오르는 상징물은 역시 에펠 탑입니다. 에펠 탑은 1889년 프랑스 대혁명 100주년을 기념해 개최된 파리 만국박람회의 기념물로 건설되었습니다. 당시 에펠 탑은 만국박람회의 출입 관문이었습니다.

에펠 탑에 사용된 철의 무게는 7,300여 톤이고, 높이는 300미터로, 당시 세계에서 가장 높은 인공 건축물이었습니다. 1887년 구스타브 에펠의 설계로 2년 2개월의 공사 기간을 거쳐 1889년 3월 31일 완공했습니다. 설계자 에펠의 이름을 따서 에펠 탑이라 이름 지었지요.

원래 에펠 탑은 건설된 지 20년이 지나면 해체될 예정이었다고 합니다. 그런데 그 무렵 발명된 무선 전화의 안테나로 사용할 수 있다는 사실이 알려지면서 에펠 탑은 해체 위기에서 벗어났습니다. 그리고 1957년에는 텔레비전 안테나가 에펠 탑 꼭대기에 설치되면서 탑의 높이도 324미터가 되었습니다.

에펠 탑에는 총 3개의 전망대가 있는데, 1전망대는 57미터 높이에, 2전망대는 115미터, 3전망대는 274미터 높이에 있습니다. 전망대까지는 모두 승강기를 타고 올라갈 수 있으며, 2전망대까지는 계단으로도 올라갈 수 있습니다. 각 전망대에는 식당과 선물 가게 등이 있습니다.

에펠 탑은 낮보다는 밤에 더 아름다운데, 밤이 되어 에펠 탑에 조명이 들어오면 센 강에서 바라보는 에펠 탑의 야경은 그야말로 환상

적입니다.

에펠 탑은 건축 당시에는 많은 지식인들과 예술가들로부터 파리의 경관을 해친다는 이유로 비난을 받기도 했습니다. 대표적인 사람이 소설가 모파상이었는데, 그는 에펠 탑 전망대 안에 있는 식당에서 항상 점심을 먹었다고 합니다. 왜 자신이 그토록 비난했던 에펠 탑에서 식사를 했을까요? 그 이유는 그곳이 유일하게 에펠 탑이 보이지 않는 장소였기 때문이었지요. 하지만 지금 에펠 탑은 프랑스를 방문하는 관광객들이 반드시 봐야 하는 건축물로 자리 잡았고, 파리의 상징물이 되었습니다.

또 다른 건축물인 루브르 박물관은 바티칸 박물관, 대영 박물관과 함께 세계 3대 박물관으로 꼽히는 최고의 박물관 중 하나입니다. 루브르 박물관은 원래 12세기경 바이킹의 침입으로부터 시테 섬을 보호하기 위한 요새로 지어졌습니다. 그러다가 14세기 후반에 왕실 거주지로 가끔 사용되었고, 16세기 중반에는 왕궁으로 재건축되었습니다.

그런데 1682년 루이 14세가 베르사유 궁전으로 옮기면서 루브르 궁전은 왕실의 예술품이나 보물 등을 보관하는 장소로 쓰였습니다. 루브르 궁전이 지금처럼 박물관 역할을 한 것은 프랑스 대혁명 후인 1793년부터입니다.

혁명 정부는 1793년부터 루브르 궁전에 있던 많은 예술품들을 시민들이 볼 수 있게 미술관으로 만들었습니다. 그리고 1980년대에는 루브르 궁전 전체를 박물관으로 만들었는데, 오늘날 루브르 박물관의 상징이자 박물관의 출입구가 된 유리 피라미드도 그때 만들어졌

여기가 세계 3대 박물관에 들어가는 루브르 박물관이야.

습니다.

　현재 루브르 박물관은 지역과 시대에 따라 8개 부분으로 나누어 유물과 보물들을 전시하고 있습니다. 전시된 작품만 3만 5천 점이고, 소장하고 있는 작품은 총 38만 점에 이르지요. 그리고 루브르 박물관을 찾아오는 관광객은 하루 평균 1만 5천 명이라고 합니다.

　프랑스는 국민의 80퍼센트 이상이 가톨릭교를 믿는 가톨릭 국가여서 역사가 오래된 성당들이 많습니다. 그중에서도 대표적인 것이 노트르담 대성당입니다.

　노트르담 대성당은 센 강의 시테 섬에 있는데, 12세기 고딕 양식(높은 천장과 뾰족한 첨탑, 긴 창문의 화려한 스테인드글라스가 특징)의 걸작으로 꼽히는 성당입니다. 노트르담은 프랑스 어로 '우리의 귀부인'

을 뜻하는데, 성모 마리아를 의미합니다.

　1163년 모리스 드 쉴리 파리 주교에 의해 성당 공사가 시작되었고, 200년이 걸려 14세기 중반에 완공되었습니다. 그런데 성당은 18~19세기 혁명의 시대 때 많은 부분이 파괴되고, 내부는 말의 먹이나 음식물을 보관하는 장소로 사용되기도 했습니다. 현재의 모습은 19세기에 대대적인 복원 공사를 한 것이지요.

　노트르담 대성당이 다시 복원될 수 있었던 것은 소설가 빅토르 위고가 쓴 『노트르담의 꼽추』 덕분입니다. 위고는 당시 심하게 파손되어 헐릴 위기에 처한 대성당을 보면서 안타까운 마음에 소설을 썼는데 이 소설이 사람들에게 경각심을 불러 일으켰어요. 이후 성당을 살리자는 캠페인이 일어나면서 1845년부터 복원 작업이 이루어졌습니다.

　노트르담 대성당의 입구에는 성모 마리아의 문, 최후의 심판 문, 성녀 안나의 문 총 3개의 문이 있어요. 성모 마리아의 문 벽면에는 잘린 목을 들고 서 있는 조각상이 하나 있는데, 이 조각상이 바로 250년경 처음으로 가톨릭을 전하다 순교한 성 드니입니다.

　3개의 입구 문 위에는 28개의 조각상이 일렬로 늘어서 있고, 다시 그 위에는 중앙에 지름 10미터의 장미창과 양쪽으로 높이 69미터에 이르는 두 개의 탑이 솟아 있습니다. 두 개의 탑에는 5개의 종이 달려 있는데, '에마뉘엘'이라는 불리는 남쪽 탑에는 무게 13톤의 거대한 종이 달려 있고, 나머지 4개의 종은 북쪽 탑에 있습니다.

　대성당 내부의 창은 스테인드글라스로 아름답게 장식되어 있는데, 유리를 통과하는 빛의 색깔이 매우 아름다워서 '장미창'이라고 불

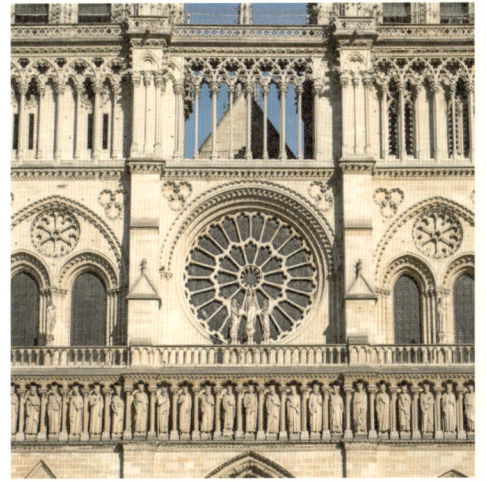

노트르담 성당은 역사적인 곳이지.

립니다. 내부에는 이런 장미창이 3개 있는데, 그중 서쪽에 있는 장미창은 1210년경에 제작되었고, 남쪽과 북쪽에 있는 장미창은 지름이 무려 13미터에 이른다고 합니다.

노트르담 대성당은 많은 역사적 사건의 무대가 되기도 했습니다. 1445년 잔 다르크의 명예회복 재판이 열린 장소이며, 앙리 4세가 종교 분쟁을 끝내기 위해 정략 결혼을 올린 장소이며, 나폴레옹 1세가 대관식을 올린 장소였습니다. 그리고 드골 장군과 미테랑 대통령의 장례식도 거행되었습니다.

파리는 역사적인 건축물들이 많은 도시이지만 도시 정비를 하면서 만든 세계적으로 유명한 도로가 있습니다. 콩코르드 광장에서 개선문이 있는 샤를 드골 광장까지의 약 2킬로미터의 거리, 바로 '샹젤리제 거리'입니다. 원래 들판과 습지대였던 곳이 17세기에 거리로 정비되면서 오늘날에는 파리의 명소이자 최대 번화가가 되었습니다. 샹젤리제 거리는 베르사유 궁전의 정원을 조성한 '르 노트르'의 설계로 조성되었는데, 그리스 신화에서 낙원이라는 의미의 '엘리제'에서 이름을 따서 '샹젤리제(엘리제의 들판이라는 의미)'라고 불렀습니다.

샹젤리제 거리 동쪽에는 울창한 공원과 현재 대통령의 관저로 사용하고 있는 엘리제궁 등 화려하고 웅장한 건물들이 자리 잡고 있고, 서쪽에는 레스토랑, 영화관, 은행, 카페, 그리고 패션을 선도하는 파리답게 세계적인 명품 브랜드의 매장과 백화점 등이 들어서 있습니다. 그래서 이곳은 관광객뿐만 아니라 파리 시민들도 쇼핑이나 외식을 하려고 자주 찾는 장소이지요.

샹젤리제 거리의 시작과 끝을 장식하고 있는 콩코르드 광장과 샤를 드골 광장도 역사적인 장소입니다. 파리 한복판에 위치한 콩코르드 광장은 그 역사뿐 아니라 규모 면에서도 파리에서 가장 큰 광장입니다. 콩코르드 광장은 18세기 중반 루이 15세를 위해 20여 년의 공사 끝에 만들어진 광장인데, 처음에는 루이 15세 광장, 그리고 프랑스 혁명 시기에는 혁명의 광장으로 불리기도 했습니다. 혁명이 끝난 후에는 지금의 이름인 '화합'이라는 뜻의 '콩코르드'로 바뀌었습니다. 광장의 중앙에는 성 베드로 광장의 분수를 모방한 2개의 분수가 있고, 1829년 이집트 룩소르 신전에 있던 것을 기증받은 3,200년 된 오벨리스크가 우뚝 서 있습니다. 루이 16세와 마리 앙투아네트의 결혼

식이 거행된 장소이면서, 또 두 사람이 처형된 곳이고, 프랑스 혁명 시기에 약 1천 명이 넘는 사람들이 처형되기도 한 영광과 비극의 장소이기도 합니다.

샤를 드골 광장은 원래 에투알 광장으로 불렸는데, 방사형(중앙의 한 점에서 사방으로 바퀴살처럼 뻗어 나간 모양)으로 뻗은 12개의 도로가 마치 별과 같은 모양을 이루고 있다고 해서 붙여진 이름이었습니다. 에투알 광장이 샤를 드골 광장으로 이름이 바뀐 것은 1970년입니다. 제2차 세계대전 당시 독일에 점령되었던 파리를 구한 드골 장군을 기리기 위해서였지요.

샤를 드골 광장은 광장 그 자체보다는 광장 중앙에 있는 개선문이 더 유명세를 타고 있기도 합니다. 이 개선문은 프랑스의 승리와 영광을 기념하기 위해 나폴레옹에 의해 건립되었습니다. 로마에 있는 개선문을 본떠 만들었으며, 높이 50미터, 폭 45미터의 웅장한 흰 대리석 건물입니다. 1806년에 공사를 시작해 나폴레옹이 죽은 뒤인 1836년에 완공했습니다. 정작 나폴레옹 자신은 살아서 이 개선문을 통과하지 못했고, 1840년 그의 시신이 개선문을 지났다고 합니다. 반면 제2차 세계대전을 승리로 이끈 샤를 드골 장군은 전쟁이 끝난 후 이 개선문을 통해 당당히 행진했습니다.

개선문의 벽면에는 모두 10개의 부조가 있는데, 10개의 부조는 모두 나폴레옹의 승리와 공적을 기리는 것입니다. 또 내부 벽면에는 글자가 가득 새겨져 있는데, 프랑스 혁명에서 나폴레옹 1세 시대에 걸친 128번의 전쟁과 참전한 장군 558명의 이름입니다.

베르사유 궁전은 너무 넓어.

　개선문 위에 오르면 방사형으로 뻗은 12개의 도로와 파리 시내를 한눈에 볼 수 있으며, 에펠 탑과 노트르담 대성당도 볼 수 있습니다.
　파리에서 또 하나 빼놓을 수 없는 건물이 프랑스 절대왕정의 상징 베르사유 궁전입니다. 베르사유 궁전과 정원은 1979년 유네스코 세계문화유산으로 지정되었습니다.
　베르사유 궁전은 지금까지 지어진 궁전 중에서 가장 웅장하고, 가장 화려한 궁전 중 하나입니다. 원래 이 궁전은 루이 13세가 지은 사냥용 별장이었습니다. 그런데 루이 13세를 이어 황제가 된 루이 14세는 파리의 바쁜 생활에 싫증을 느낀 나머지, 시내에서 벗어난 이곳에 궁전을 지었습니다. 1662년부터 시작된 궁전 공사는 1682년 1차 완공되었고, 루이 14세는 이곳으로 거처를 옮겼습니다.

하지만 궁전이 완공된 이후에도 왕실 예배당과 부속 건물들을 짓고, 해마다 궁전을 유지, 보수하기 위해서 프랑스 대혁명 전까지 공사는 계속되었습니다. 궁전은 전체적으로 'U'자 형태의 건물로 만들어졌고, 전체 길이는 680미터에 이르지요.

궁전의 설계는 '루이 르 보'를 비롯한 당대 최고 건축가들이 참여했고, 또 아름답기로 유명한 궁전의 정원은 '르 노트르'가 설계를 맡아 완성했습니다. 궁전의 웅장함과 화려함은 다른 유럽 국가 황제들에게 깊은 인상을 주었고, 이후 모방의 대상이 되었습니다.

궁전에는 수천 개의 방이 있는데, 그중 가장 유명한 방은 '거울의 방'입니다. 거울의 방은 길이 73미터, 높이 13미터, 폭 10.5미터인데, 천장 부근까지 17개의 거울로 가득 메워져 있고, 천장은 프레스코화로

베르사유 궁전은 절대왕정의 권력을 실감할 수 있는 화려한 궁전이지.

꾸며져 있습니다. 거울의 방은 여러 가지 국제적인 행사가 거행된 장소이기도 합니다. 1919년 제1차 세계대전 후의 평화조약도 바로 여기서 체결되었지요.

베르사유 궁전은 루이 14세가 절대왕권을 휘두르는 데 중요한 역할을 한 곳이기도 합니다. 루이 14세는 궁전이 완공된 후, 정부 관리들을 모두 궁전 내부나 근처에 살도록 했습니다. 그러다 보니 권력을 가진 모든 귀족들이나 관리들이 항상 궁전에서 생활할 수밖에 없었고, 황제는 항상 그들을 눈으로 감시할 수 있었습니다. 그리고 여러 가지 궁전 에티켓을 만들고 지키게 해 황제에 대한 존경심도 갖게 만들었습니다.

하지만 이렇게 화려하고 웅장한 궁전은 결국 시민들에게는 반감을 주어 프랑스 대혁명이 일어나는 원인이 되었고, 대혁명 뒤에는 궁전으로서의 기능을 잃었습니다. 현재는 관광지로 개방되어 웅장하고 화려했던 옛 모습을 확인할 수 있습니다.

지구여행자의 말

파리는 예술과 문화의 도시답게 시내 곳곳에 수준 높은 박물관이나 미술관이 있어서 파리를 방문하는 사람들에게는 무엇보다 볼거리가 풍부한 도시입니다. 혹시 파리를 방문할 기회가 생긴다면 도시 곳곳에 녹아 있는 예술과 문화의 향기를, 또 자유와 평등을 사랑했던 파리 시민들의 혁명 정신을 거리와 광장 곳곳에서 느껴 보길 바랍니다.

인물 이야기

『레미제라블』을 쓴 작가 빅토르 위고

(1802~1885)

위고는 프랑스의 시인, 소설가이자 정치가입니다. 위고의 아버지는 나폴레옹 휘하의 장군이었기 때문에 어릴 적부터 여러 나라를 돌아다니며 생활했습니다. 위고는 아버지의 바람대로 법학을 전공했지만, 시를 쓰면서 문학에 대한 꿈도 키워 나갔습니다.

위고는 첫 시집 『오드』(1822)와 희곡 『크롬웰』(1827)로 문단의 주목을 받았고, 1831년에 완성한 『노트르담의 꼽추』는 소설가로서의 위치를 확고히 해 주었습니다.

위고는 정치에도 관심을 가졌는데, 1851년 나폴레옹 3세의 집권에 반대한다는 이유로 프랑스에서 추방되어 약 19년간 외국에서 망명 생활을 했습니다. 망명 시절 그의 대표작이라 할 수 있는 『레미제라블』(1862)을 완성했지요.

1870년 나폴레옹 3세가 몰락하자 위고는 파리 시민들의 대대적인 환영을 받으며 파리로 돌아왔습니다. 이후 국회의원에 당선되어 활발한 정치 활동을 하다가 1876년 건강 문제로 정치에서 은퇴했습니다.

위고는 가난한 사람들을 위해 자신의 재산 중 5만 프랑을 써 달

빅토르 위고 덕분에 노트르담 대성당을 지금도 볼 수 있는 거래.

라는 유언을 남기고, 1885년 폐렴으로 생을 마감했습니다. 위고가 죽자 프랑스는 국장으로 장례를 치렀고, 약 200만 명의 파리 시민들이 그의 장례식에 참가했습니다. 위고의 국장은 프랑스 최초로 문학가에게 주어진 영예였지요.

백탑의 도시
프라하

위치 : 체코의 중서부
면적 : 496㎢(서울은 605㎢)
인구 : 1,200,000명
특징 : 황금의 도시, 북쪽의 로마

 동유럽 민주화 운동의 상징

　체코의 수도인 프라하는 흔히 '백탑의 도시'라고 하는데, 여기서 백탑은 '흰 탑'이 아니라 '100개의 탑'을 의미합니다. 프라하는 14세기경부터 본격적으로 많은 건축물들이 들어서기 시작했는데, 그 건축물들은 대부분 뾰족한 첨탑으로 이루어졌습니다. 뾰족한 첨탑들이 많아서 '100개의 탑' 즉 '백탑'이 된 것이지요. 프라하를 '건축박물관의 도시'라고도 하는데, 이는 14세기경부터 짓기 시작한 다양한 양식의 건축물들이 오늘날까지 잘 보존되어 있어서 붙은 이름입니다.
　프라하는 14세기경 신성 로마 제국의 수도가 되면서 고딕 양식, 르네상스 양식(건물 외관이 좌우대칭이고, 창이나 입구가 아치와 직선으로 구성된 것이 특징), 바로크 양식 등 다양한 양식의 건축물들이 지어졌고, 이들 건축물들은 오늘날까지 잘 보존되어 있습니다.

프라하는 많은 예술가들이 활동했던 예술과 문화의 도시인데 특히 천재 음악가 모차르트는 생전에 프라하에서 보낸 시간이 가장 행복한 순간이었다고 말할 정도로 프라하를 사랑했고, '프라하'라는 제목으로 교향곡도 만들었습니다. 세계적인 소설가 프란츠 카프카, 시인 라이너 마리아 릴케, 체코 출신의 세계적인 작곡가 스메타나, 드보르작은 모두 체코에서 활동했지요. 프라하는 매년 5~6월경 음악 축제를 열 정도로 음악을 사랑하는데, 체코 민주화 운동의 상징으로 알려진 '프라하의 봄'은 사실, 프라하에서 열리는 음악 축제 이름이었습니다.

프라하는 동유럽 민주주의 상징이 된 도시이기도 합니다. 체코슬로바키아가 소련의 관리하에 있던 1968년, 프라하에서는 자유를 갈망하는 사람들의 대규모 민주주의 운동이 일어났습니다. 이른바 '프라하의 봄'이라는 민주화 운동입니다. 당시 민주화 운동은 소련의 진압으로 실패했지만 20년 후인 1989년 프라하는 다시 혁명의 중심에 섰고, 마침내 민주주의 꿈을 이루었습니다.

프라하 지역에 처음 사람이 살기 시작한 것은 기원전 4천 년경부터입니다. 하지만 본격적으로 도시의 형태를 갖추기 시작한 것은 6세기경입니다. 6세기경 슬라브 족들이 이곳에 정착했고, 9세기경에는 모라비아 왕국을 세웠습니다. 하지만 모라비아 왕국은 곧 망했고, 895년 프라하를 중심으로 슬라브 족의 한 무리인 체코 인들이 보헤미아 왕국을 건설했습니다. 이때부터 프라하는 천 년이 넘도록 체코 인들에게 사랑받는 도시가 되었지요.

프라하가 본격적으로 발달하기 시작한 것은 11세기 무렵입니다. 프라하 시내를 흐르고 있는 블타바 강을 중심으로 교역이 시작되면서 급속도로 발전했지요. 이후 프라하는 1346년 룩셈부르크 왕조의 카를 4세가 즉위하면서 신성 로마 제국의 수도가 되었고, 최고의 전성기를 누렸습니다. 그리고 이때부터 유럽의 정치, 경제, 문화의 중심지가 되었습니다.

16세기 오스트리아의 합스부르크 왕가의 지배하에서는 공업 도시로 이름을 날렸고, 1918년 체코슬로바키아로 독립하면서 수도가 되었습니다. 또 1993년에는 슬로바키아와 분리되어 체코 공화국이 성립되었는데 여전히 수도의 자리를 지키며 오늘날까지 이어지고 있습니다.

지붕이 다 붉은색이네.

> **볼거리** 구시가지 광장, 바츨라프 광장, 카를교, 성 비투스 성당

　프라하에는 두 개의 유명한 광장이 있습니다. 하나는 12세기경에 만들어진 구시가지 중심에 있는 구시가지 광장이고, 다른 하나는 14세기 프라하의 전성기에 만들어진 신시가지 중심에 있는 바츨라프 광장입니다.

　구시가지 광장은 체코 인들의 삶과 문화의 광장이자, 프라하의 중심 광장입니다. 광장의 중심에는 종교 개혁가였던 얀 후스의 동상이 자리 잡고 있습니다. 얀 후스는 독일의 종교개혁가 루터보다 100년이나 앞서서 가톨릭교의 타락을 비판하다가 1415년에 화형에 처해졌어요. 얀 후스의 동상은 그의 사망 500주년을 기념해 1915년에 광장에 세운 것입니다. 이 동상은 불의에 저항할 줄 아는 체코 인들의 강인한 정신을 보여 주며, 1968년과 1989년에 일어난 민주화 운동으로 연결되었습니다.

구시가지 광장 주변에는 빼어난 건축물들이 많지만 그중에서도 틴 성당과 구시청사에 붙어 있는 천문 시계탑이 단연 돋보입니다.

틴 성당은 원래 외국 상인들을 위한 숙박 시설의 부속 교회로 건립되었다가 1365년에 고딕 양식으로 재건축되었습니다. 이후 17세기까지 여러 가지 건축 양식이 가미되어 지금의 모습이 되었습니다. 틴 성당에서 가장 인상적인 부분은 두 개의 뾰족한 첨탑인데, 높이가 무려 80미터나 됩니다. 틴 성당에서 또 한 가지 인상적인 부분은 두 개의 첨탑 사이에 있는 금으로 만든 성모 마리아의 초상입니다. 이 초상은 종교개혁가 얀 후스파의 상징인 황금 성배를 녹여서 만든 것입니다.

틴 성당에서 최고의 볼거리는 야경입니다. 주위가 어두워지면 틴 성당의 두 첨탑에는 화려한 조명이 들어와 환상적인 장면이 연출되지요.

구시청사는 14세기경에 지어진 고딕 양식의 건축물입니다. 전쟁으로 많은 부분이 훼손되었지만 여러 차례 복원 공사를 통해 오늘날의 모습을 갖추었습니다. 구시청사가 유명해진 것은 이 건축물의 탑에 붙어 있는 천문 시계 덕분입니다.

천문 시계는 1410년에 만들어졌는데, 위아래 두 개의 큰 원판으로 이루어져 있습니다. 위쪽 원판은 천동설의 원리에 따라 해와 달과 천체의 움직임을 묘사한 것이고, 1년에 한 바퀴씩 돌면서 연, 월, 일, 시간을 나타냅니다. 아래 원판에는 별자리가 그려져 있는데, 제작 당시 보헤미아 농민들의 열두 달을 나타낸 것입니다.

천문 시계가 사람들의 관심을 끄는 것은 시각을 알려 주는 독특한 방식 때문입니다. 매시 정각이 되면 위쪽 원판에서 두 개의 문이 열리며 예수님의 열두 제자들이 두 명씩 나타났다가 사라집니다. 그리고 마지막에 시계 위쪽의 황금색 닭이 나타나 시간을 알려 줍니다. 이 장면을 보기 위해 매시 정각이 되면 수많은 사람들이 천문 시계탑 주변으로 모여듭니다.

과거에는 시간이 중요하다는 것을 강조하기 위해 높은 탑 위에 시계를 설치하는 것이 유행이었는데, 천문 시계가 붙어 있는 이 탑은 1364년경에 세워졌고 높이는 70미터입니다. 지금은 승강기와 계단으로 올라갈 수 있고, 탑 정상에 오르면 프라하 시가지가 한눈에 보입니다.

신시가지에 있는 바츨라프 광장은 체코 인들에게는 자유와 민주화의 상징이 된 광장입니다. 광장의 중앙에는 체코 건국의 아버지인 성 바츨라프의 기마상이 있는데, 광장의 이름 역시 그의 이름을 따서 지은 것입니다.

전설에 따르면 바츨라프는 10세기경 보헤미아의 깊은 산 속에서 잠에 빠진 기사들을 깨워, 침략한 적들을 물리친 인물입니다. 그는 체코 인들의 수호성인, 체코 건국의 아버지로 추앙받고 있습니다.

바츨라프 광장은 1968년 '프라하의 봄' 당시 체코 국민들이 소련군에게 맹렬하게 저항했던 곳이고, 두 명의 청년이 자유를 외치며 죽은 장소입니다. 그리고 20년 후인 1989년, 오늘날 체코의 민주주의를 가져왔던 민주화 혁명(벨벳 혁명)의 중심이 되었습니다. 따라서 바츨라

프 광장은 체코 인들의 자유와 민주화의 열망이 담긴, 정신적인 지주가 되는 곳이라고 할 수 있습니다.

    프라하 시내를 가로 지르는 블타바 강에는 프라하를 상징하는 카를교가 있습니다. 카를교는 유럽에서 가장 아름다운 다리 중 하나로, 체코에서 가장 오래된 다리입니다. 카를교는 1357년 카를 4세의 지시에 의해 독일의 궁정 건축가 파를레르시가 1402년에 완성한 다리입니다. 길이 약 516미터, 너비 약 9.5미터, 16개의 아치가 떠받치고 있는 카를교는 중세 건축의 걸작으로 손꼽히지요.

    특히 1683년부터 1938년 사이에 제작된 30개의 성인 조각상은 다리 양옆으로 각각 15개씩 일렬로 늘어서 있는데, 카를교를 찾는 사람들에게 다양한 볼거리와 이야기를 전해 주고 있습니다.

그중 가장 유명하고 사람들에게 인기 있는 것은 성 요한 네포무크의 조각상입니다. 성 요한 네포무크는 1393년 바츨라프 4세(카를 4세의 아들)의 왕비였던 '조피에'에게 고해성사를 준 가톨릭 신부입니다. 당시 바츨라프 4세의 사랑을 받지 못했던 왕비 조피에는 왕이 전쟁터에 나간 사이 한 장군과 사랑에 빠졌습니다. 하지만 왕비는 곧 네포무크 신부에게 죄를 고하고 용서를 받았습니다. 그런데 왕비의 시녀가 전쟁터에서 돌아온 왕에게 왕비의 비밀을 말하고 말았습니다. 화가 난 왕은 네포무크를 찾아가 왕비의 고해성사 내용을 말하라고 명령했습니다. 하지만 네포무크 신부는 끝까지 비밀을 지켰습니다. 왕은 네포무크를 끔찍하게 고문했고, 그를 카를교 아래에 던져 버렸습니다. 네포무크는 다리에서 떨어지면서 자신의 마지막 소원을 다리에 바치며, 다리에 선 사람들은 모두 소원을 이룰 것이라는 말을 남겼다고 합니다.

1683년 네포무크의 조각상이 다리에 세워지고, 조각상 앞에서 소원을 빈 사람들의 소원이 실제 이루어졌다는 이야기가 전해졌습니다. 이후 성 요한 네포무크의 조각상은 카를교를 찾는 사람들이라면 반드시 찾아와 소원을 비는 장소가 되었습니다.

오늘날 카를교는 차량은 다닐 수 없고 보행자들만이 이용할 수 있습니다. 이곳에서는 음악 공연과 인형극이 열리고 있으며, 화가들이 그림을 그리는 예술의 장소로도 유명합니다.

또 하나 프라하에서 빼놓을 수 없는 건축물, 프라하 성은 블타바 강 서쪽 지역 언덕에 자리 잡고 있는 어마어마한 규모의 성입니다. 그 규모만큼이나 프라하 성은 프라하뿐만 아니라 체코를 상징하는 건축물이기도 합니다. 또 프라하 성은 길이 570미터, 너비 128미터에 이르는 세계에서 가장 큰 고성 중 하나입니다.

프라하 성은 9세기 말경 건설되기 시작해 카를 4세의 재임 시기인 14세기에 지금과 비슷한 모습을 갖추었습니다. 이후에도 계속 여러 양식의 건축물들이 만들어지면서 18세기 말경 현재와 같은 규모의 성이 되었습니다. 또 1918년부터는 일부가 대통령 관저로 사용되면서 내부 장식과 정원을 새롭게 정비했습니다.

프라하 성은 약 900여 년의 세월 동안 다양한 양식으로 지어졌어요. 그래서 프라하 성에 가면 거의 모든 양식의 건축물들을 한꺼번에 볼 수 있는 놀라운 경험도 할 수 있습니다.

프라하 성 안에는 성 비투스 성당을 비롯해 3개의 성당과 수도원, 정원, 궁전 등 다양한 건물들이 들어 서 있습니다. 또 이들 건물들은 모두 정교한 조각과 화려한 장식으로 꾸며져 있어 세계적으로도 손꼽히는 명소이자, 중요한 유적으로 평가받고 있습니다.

성 비투스 성당은 프라하에서 가장 큰 성당이자 가장 중요한 의미를 지닌 성당입니다. 처음 성당을 짓기 시작한 해를 기원으로 하면 천년의 세월이 흐른 뒤에야 완성된 최고의 걸작 중 하나입니다. 이 성당은 925년경 성 비투스의 팔을 보관하기 위해 로마네스크 양식(창문과 문에 반원형의 아치를 사용하고, 굵은 기둥과 작은 창문이 특징)으로 성당을 짓고 이후 한 차례 증축되었다가 지금와 같은 고딕 양식으로 짓기 시작한 것은 14세기 카를 4세 때입니다.

처음에는 마티아스라는 건축가에 의해 설계되었다가 그가 죽자 카를교를 설계했던 궁전 건축가 파를레르시가 맡아서 작업을 지휘했고, 이후 그의 아들과 다른 건축가들이 작업을 이어갔습니다. 16세기에 합스부르크 왕가가 지배할 때 르네상스 양식의 첨탑이 완성되었고, 17세기에는 바로크 양식의 지붕이, 18세기에 와서 지금과 같은 고딕 양식의 완성된 형태를 갖추었습니다. 하지만 이때까지도 성당은 미완성이었습니다. 그래서 1844년 '성 비투스 성당의 완공을 위한 조합'이 만들어졌고, 다시 공사를 진행해 1929년에 비로소 모든 공사를

마쳤습니다. 거의 600년 만에 완공한 셈이지요.

성 비투스 성당은 길이 124미터, 너비 60미터, 높이 33미터, 첨탑 높이 96.5미터의 규모를 자랑하고 있습니다. 특히 성당 정면 위쪽을 장식하고 있는 지름 10.5미터 크기의 '장미의 창'과 성당 내부를 장식한 다양한 기법의 스테인드글라스가 중요한 볼거리입니다. 또 성당 내부에는 화려하게 장식된 여러 개의 예배당이 있으며, 성당 지하에는 역대 체코 왕들과 성 요한 네포무크 신부를 비롯해 여러 주교들의 석관묘도 있습니다.

프라하는 동유럽에서뿐만 아니라 유럽 전체에서도 최고의 관광지로 각광받고 있는 도시입니다. 천 년의 역사를 자랑하듯 북쪽의 로마라고도 불리며, 다양한 양식의 건축물들이 잘 보존되어 있어 건축박물관이라고도 합니다. 또한 예술과 문화를 사랑해 많은 예술가들이 태어나 활동한 도시이며, 자유와 민주화를 상징하는 곳이지요.

만약 프라하를 방문할 기회가 생긴다면 프라하가 간직하고 있는 역사와 문화, 그들이 사랑한 예술과 자유 정신이 무엇인지 꼭 느껴 보길 바랍니다.

프라하의 발전에 큰 공을 세운 왕 카를 4세

(1316~1378 / 재위 : 1346~1378)

카를 4세는 룩셈부르크 왕가 출신인 보헤미아의 왕 얀의 아들로 태어나서 아버지의 뒤를 이어 보헤미아의 왕이 되었고, 1355년부터는 신성 로마 제국의 황제가 되었습니다. 어릴 때 프랑스로 보내져 교육을 받았는데, 5개 국어를 할 정도로 실력이 뛰어났지요.

1331년부터 아버지와 함께 많은 전쟁에 참가해 경험을 쌓았고, 1346년 보헤미아의 왕이 되었습니다. 하지만 이때에는 지지 기반이 매우 약한 상태였습니다. 카를은 왕이 된 후 자신의 세력을 키우기 위해 외부와의 전쟁보다는 내부에서 안정을 찾고, 세력을 키우려고 노력했습니다. 그의 생각을 실현시켜 준 곳이 바로 프라하 지역이었지요.

그는 프랑스에서 받은 교육을 바탕으로 프라하 안에 새로운 도시를 건설했습니다. 또 1348년 자신의 이름을 따서 프라하에 카를 대학을 세웠습니다. 카를 4세의 이 같은 노력 덕분에 프라하는 중세 시기 유럽의 정치, 경제, 문화의 중심지로 발전할 수 있게 된 것이지요.

카를 4세는 1356년에는 독일 왕을 선출하는 방법을 규정한 '금인 칙서'를 발표해, 자신의 아들이 안전하게 왕위를 물려받을 수 있도록

카를 4세의 무덤은 성 비투스 성당에 있어.

했고, 1378년 프라하에서 숨을 거두었습니다. 그리고 성 비투스 성당 지하에 묻혀 있습니다.

 카를 4세는 당대 가장 교양 있는 왕이자, 외교술에 뛰어난 군주였으며, 프라하의 예술과 과학, 건축 발전에 큰 공헌을 한 왕으로 평가받고 있습니다.

제4장

음악으로 세계인을
행복하게 만든 도시

· 빈

세상에 음악이 없다면 어떤 모습일까요? 우울할 때나 즐거울 때 듣고 따라 부르며 즐길 수 있는 음악이 없다면 세상은 너무나 삭막한 모습이지 않을까요? 음악은 아주 오랜 옛날부터 인간의 삶과 함께한 친구이자 연인 같은 존재였답니다.

지금은 음악 장르가 매우 다양하지만 불과 몇 백 년 전에는 지금 '클래식'이라고 부르는 음악이 한 시대를 풍미하고 있었어요. 그리고 클래식 음악의 중심에는 빈이라는 도시가 있었답니다.

모차르트, 베토벤, 슈베르트, 하이든, 요한 슈트라우스 등 이름만 들어도 쟁쟁한 천재 음악가들은 거의 대부분 빈을 중심으로 음악 활동을 했어요. 이 음악가들은 왜 하필 그곳에서 음악을 했던 걸까요? 그건 바로 빈이라는 도시가 그들의 음악을 인정해 주고, 사랑했기 때문이랍니다.

지금도 빈은 과거 천재 음악가들이 이루어 놓은 유산을 바탕으로 음악 도시로서의 명성을 이어가며 세계인들에게 행복한 삶을 선물하고 있답니다.

그럼, 지금부터 음악의 도시 빈을 좀 더 자세하게 살펴볼까요?

음악의 도시 빈

위치 : 오스트리아 북동쪽 도나우 강변
면적 : 414.6㎢(서울은 605㎢)
인구 : 1,730,000명
특징 : 유럽의 보석 상자

 역사 **찬란한 문화와 유적을 가진 음악 도시**

오스트리아의 수도 빈은 우리에게는 영어식 발음인 '비엔나'로 잘 알려진 도시입니다. 빈은 음악의 도시로 알려져 있지만 음악 외에도 한때 유럽의 절반을 차지했을 정도로 강력한 왕국을 수립했던 합스부르크 왕가의 수도였어요. 그래서 찬란한 문화와 유적을 가진 역사 도시이기도 합니다.

빈을 음악의 도시라고 부르는 이유는 간단합니다. 베토벤, 모차르트, 슈베르트, 요한 슈트라우스 등 한 시대를 풍미했던 천재 음악가들이 모두 빈을 무대로 활동했고, 또 거기에 잠들어 있으며, 매년 음악가의 유산을 바탕으로 많은 음악 공연과 축제가 열리기 때문입니다. 빈은 오늘날까지 음악가들의 유산을 잘 보존하고 발전시켜 음악의 도시라는 명성을 이어오고 있습니다.

빈 지역에 사람이 살기 시작한 것은 신석기 시대이고, 정식으로 도시가 형성된 것은 기원전 6세기경 켈트 족에 의해서입니다. 기원전 1세기경에는 로마의 지배를 받았고, 3세기경에는 인구 2만 명의 도시로 발전했습니다. 5세기경 로마가 멸망한 뒤에는 게르만 족이 이 지역을 점령했고, 6세기 말에는 프랑크 왕국의 카를 대제(카롤루스 대제)가 유럽을 통일하면서 이곳도 카를 대제의 지배를 받게 되었습니다.

카를 대제는 800년 교황으로부터 로마 황제(신성 로마 제국)의 왕관을 받았는데, 이때부터 오스트리아 지역은 '오스트마르크'로 불리게 되었습니다. 976년 신성 로마 제국의 오토 1세는 오스트마르크를 바벤베르크 가문이 다스리게 했습니다. 최초로 오스트리아 지역을 다스린 바벤베르크가는 300년 가까이 이곳을 다스리면서 빈 지역을 중심 도시로 삼고 수도원과 성당 등 많은 건축물들을 세웠습니다.

그런데 1278년 바벤베르크가는 후손이 끊어졌고, 스위스 백작 루돌프 합스부르크에게 왕위를 넘겼습니다. 비로소 오스트리아 지역에 합스부르크 왕가가 등장하게 된 것이지요. 합스부르크 왕가는 이후 600년이 넘는 시간 동안 왕국을 유지했고, 그로 인해 서양 근대사에서 가장 유명한 왕가 중 하나로 자리 잡게 되었습니다.

13세기에 처음 등장해 오스트리아 지역을 다스린 합스부르크 왕가는 14세기에는 신성 로마 제국의 황제를 겸하면서 점차 세력을 떨치기 시작했고, 이후 다른 나라와의 정략 결혼을 통해서 가장 강력한 왕국으로 자리 잡았습니다. 그리고 16세기 초 카를 5세와 그의 아들 펠리페 2세 때에는 에스파냐와 독일, 네덜란드까지 지배하여 최고의 전성기를 맞았습니다. 그러다가 1918년 제1차 세계대전의 여파로 카를 1세가 왕위에서 물러나면서 찬란했던 합스부르크 왕가는 역사에서 사라지게 되었습니다.

빈은 14세기부터는 합스부르크 왕가가 겸했던 신성 로마 제국의 수도로, 이후 오스트리아 제국과 오스트리아-헝가리 제국의 수도로 영광을 누렸습니다. 합스부르크 왕가가 막을 내린 1918년 이후에도 빈은 공화국의 수도로, 현재에는 오스트리아의 수도로 찬란했던 과거의 영광을 이어오고 있습니다.

빈은 합스부르크 왕가 때에는 무역 도시로 성장하면서 번영을 누렸습니다. 14세기에는 최초의 독일 대학이 이곳에 세워지기도 했습니다. 그러나 1529년 오스만 제국의 침입을 겪으면서 잠시 정체기를 맞았습니다. 오스만 제국은 당시 상황이 여의치 않아 빈을 점령하지 못하고 물러났지만 언제든 다시 침입할 가능성이 있었습니다. 빈은 이때부터 오스만 제국을 물리치기 위한 방어 요새가 되면서 상업 등 기타 성장이 더뎠지요. 빈이 다시 발전을 시작한 것은 1683년 제2차 오스만 제국의 침입을 물리치고부터입니다. 오스만 제국이 물러가자 빈은 인구가 증가했고, 많은 건축물들이 지어졌으며, 도시 외곽 지역에는 도시를 보호하는 성벽이 만들어졌습니다.

그리고 18세기 마리아 테레지아 여왕 때 교육과 문화면에서 개혁 정책을 폈고, 그녀의 아들 요제프 2세는 어머니의 정책을 이어받아 빈을 예술과 문화의 도시로 발전시켰습니다. 이 시기가 바로 빈에서 베토벤, 모차르트, 슈베르트 등 음악가들이 활동했던 때입니다.

빈이 또 한 번 변화를 겪게 된 것은 1848년 프란츠 요제프 1세가 즉위하면서입니다. 현재 빈의 도시 형태는 이 시기에 만들어졌습니다. 대표적인 것이 1857년 도시 외곽에 설치된, 성벽을 허물고 만든 '링(Ring)'이라고 하는 '환상도로'입니다. 길이는 4킬로미터에 불과하지만 폭이 50~60미터나 되지요. 대부분의 도시들은 시내를 가로지르는 강을 사이에 두고 양옆으로 건축물이 들어서서 시가지를 형성합니다. 하지만 빈은 환상도로를 사이에 두고 양옆으로 시가지를 형성하고 있지요.

빈은 오스트리아가 제2차 세계대전의 패전국이 되면서 많은 피해를 입었지만, 1955년 중립국으로 독립하면서 다시 수도의 지위를 회복했고, 현재는 높은 복지 수준을 자랑하는 음악의 도시, 역사의 도시로 발전했습니다.

성 슈테판 성당, 호프부르크 왕궁, 쉔브룬 궁전, 중앙 묘지

빈에서 가장 유명한 명소를 꼽으라고 하면 단연 성 슈테판 성당을 들 수 있습니다. 이 성당은 빈의 상징물과도 같은데, 기독교 최초의 순교자인 성인 슈테판의 이름을 딴 성당입니다.

성 슈테판 성당은 공사 기간만 65년이 걸린, 오스트리아 최대의

성 슈테판 성당은 오래 지어서 그런지 정말 정교해.

고딕 양식 성당입니다. 12세기 중엽에 로마네스크 양식의 작은 성당으로 지어졌다가 13세기에 대화재로 소실되고 난 후, 14세기경 합스부르크 왕가의 루돌프 4세에 의해 고딕 양식의 대성당으로 새로 지어졌습니다.

　성당의 길이는 107미터, 높이는 39미터, 특히 높이가 137미터와 67미터인 두 개의 첨탑이 남쪽과 북쪽에 웅장하게 솟아 있고, 약 25만 개의 청색과 금색으로 이루어진 화려한 벽돌 모자이크 지붕이 유명합니다. 성당 내부는 아름다운 스테인드글라스 장식이 유명한데, 지하에는 15세기 말 유럽을 공포로 몰아넣었던 페스트(흑사병)의 희생자 2천여 명의 유골이 안치되어 있습니다. 137미터에 이르는 남쪽 첨탑에 가려면 343개의 계단을 올라가야 합니다. 첨탑 꼭대기에 서면 성당의 아름다운 모자이크 지붕과 빈 시내를 한눈에 볼 수 있습니다.

성 슈테판 성당은 모차르트의 결혼식과 장례식이 열렸던 장소로도 유명합니다. 모차르트는 1782년 집안의 반대를 물리치고 콘스탄체와 이곳에서 결혼식을 올렸으며, 1791년에는 이곳에서 그의 장례식이 치러졌습니다. 매년 12월 31일 성 슈테판 성당에서 특별한 행사가 열립니다. 빈 시민들은 이날 성 슈테판 성당 앞 광장에 모여서 와인을 마신 다음 그 잔을 바닥에 던져 깨뜨리고, 자정이 되면 서로에게 키스를 하며 새해를 맞습니다.

빈의 유명한 건축물로 왕가 사람들이 거처했던 '호프부르크 왕궁'도 있습니다. 호프부르크 왕궁은 합스부르크 왕가의 궁전 중 가장 화려하고 웅장한 궁전으로, 1918년 합스부르크 왕가가 문을 닫을 때까지 황제들이 살았습니다.

호프부르크 왕궁은 1220년경 처음 건축되었는데, 세월이 흐르면서 많은 건물들이 추가로 만들어졌습니다. 이는 황제들이 자신의 세력을 과시하기 위해 왕궁 안 건물들을 더 화려하고 더 웅장하게 건축했기 때문입니다. 왕궁에는 무려 2,600여 개나 되는 방이 있는데, 그 이유는 합스부르크 왕가에서는 대대로 이전 황제가 살았던 방을 다음 황제가 사용하지 않는다는 불문율이 있기 때문입니다.

호프부르크 왕궁은 크게 18세기 이전에 지어진 구왕궁과 그 이후에 지어진 신왕궁으로 나누어집니다. 현재 신왕궁은 무기와 악기 박물관으로 사용되고 있고, 구왕궁은 승마학교, 예배당, 보물창고, 국제회의장, 대통령 집무실 등으로 사용되고 있습니다. 특히 왕궁예배당에서는 세계적으로 유명한 빈소년합창단이 매주 일요일 미사에서 성가를 부른다고 합니다. 현재 호프부르크 왕궁은 프란츠 요제프 1세 황제와 엘리자베트 황후가 사용했던 방 위주로 공개되고 있고, 마리아 테레지아 여제가 살았던 레오폴트 관은 대통령 집무실로 사용되고 있어 관람이 제한되고 있습니다.

호프부르크 왕궁과 종종 비교되는 건물로 쇤브룬 궁전이 있습니다. 쇤브룬 궁전은 합스부르크 왕가의 여름 궁전인데, 마리아 테레지아 여왕 때 지금의 모습으로 새로 건축되었습니다. 쇤브룬 궁전은 파리의 베르사유 궁전과 비교될 정도로 유럽에서는 화려하기로 유명한데, 당시 프랑스 부르봉 왕가와 경쟁 관계에 있었던 합스부르크 왕가가 베르사유 궁전과 비슷하게 지었기 때문입니다.

16세기에 합스부르크 왕가에서 땅을 사서 지은 쇤브룬 궁전은 처음에는 동물원과 식물원으로 사용했습니다. 이후 합스부르크 왕가 사람들은 여름이 되면 빈의 남서쪽 외곽에 위치해 있는 이곳에서 사냥을 하며 여름 휴가를 보냈습니다. 쇤브룬은 '아름다운 샘'이라는 뜻인데, 황제가 사냥 중에 아름다운 샘을 발견하면서 궁전 이름이 되었다고 합니다.

그런데 이곳은 17세기 오스만 제국의 침입으로 상당 부분 파괴되었습니다. 1696년 레오폴드 1세는 건축가 요한 베른하르트 피셔 폰 에를라흐에게 새로운 궁전을 짓도록 했습니다. 그리하여 4년간의 공사 끝에 1700년 새롭게 궁전이 지어졌습니다.

그리고 마리아 테레지아 여왕은 건축가 니콜라우스 파카시에게 더 크고 화려한 궁전을 짓도록 했습니다. 1774년에 공사를 시작해 5

와, 쇤브룬 궁전 넓다.

쇤브룬 궁전은 정말 아름다워.

년 뒤에 완공된 이 궁전은 프랑스 베르사유 궁전에 버금갈 정도로 호화로운 모습이었습니다.

거대한 규모의 3층 건물로 되어 있는 이 궁전은 방이 무려 1,441개나 됩니다. 건물은 바로크 양식이지만 실내는 화려한 로코코 양식으로 꾸며져 있어 화려하면서도 따뜻한 분위기를 자아냅니다.

현재 일반인들이 볼 수 있는 방은 45개 정도인데, 그중에서 '거울의 방'이 가장 유명합니다. 사방이 온통 거울로 되어 있는 이 방은 어린 모차르트가 마리아 테레지아 여왕 앞에서 피아노를 연주했던 곳으로 유명합니다. 그리고 마리아 테레지아 여왕의 딸이자, 프랑스 루이 16세에게 시집갔던 마리 앙투아네트가 썼던 방도 있습니다. 당시 어린 모차르트가 소녀 마리 앙투아네트를 보고 청혼했다는 이야기도 전하고 있습니다.

궁전 뒤에는 1.7제곱킬로미터에 이르는 거대한 정원이 있는데, 정원 끝의 언덕에는 아치형의 기둥과 정교한 조각으로 이루어진 개선문 형태의 건물이 있습니다. 건물은 자체도 아름답지만 그곳에서 바라보는 전망이 매우 멋진 곳입니다. 그리고 궁전 안에는 동물원도 있는데, 이 동물원은 1752년에 세워진 유럽에서 가장 오래된 동물원입니다.

쉔브룬 궁전은 역사적 사건을 함께한 장소이기도 합니다. 1918년 합스부르크 왕가의 마지막 왕이었던 카를 1세가 이곳에서 퇴임 연설한 이후 오스트리아는 공화국이 되었습니다. 쉔브룬 궁전은 1996년 유네스코 세계문화유산으로 지정되었습니다.

빈은 음악의 도시답게 많은 극장이 있지만 그중에서도 오페라하우스라고 불리는 '국립오페라극장'은 단연 빈을 대표합니다. 이 극장은 파리 오페라하우스, 밀라노 오페라하우스와 더불어 유럽의 3대 오페라극장으로 불리지요.

빈은 제2차 세계대전 후 도시의 많은 부분이 피해를 입었는데, 오페라극장도 이때 상당 부분 파괴되었습니다. 전쟁 후 복구 사업을 시작하면서 어떤 건물부터 복구해야 할지 국민투표를 했는데, 국회의사당이나 시청사보다 더 먼저 복구해야 할 건물로 결정되었다고 합니다. 빈 시민들의 음악사랑 정신을 단적으로 보여 주는 이야기입니다.

이 극장은 처음 지어졌을 때 많은 논란이 있었습니다. 극장은 1863년 공사를 시작해 1869년 완공되었는데, 당시 건물 1층이 도로보다 낮게 보여서 시민들에게 가라앉은 상자라는 비난을 들었습니다. 극장이 도로보다 낮게 보인 이유는 극장 앞을 지나는 환상도로(링 도로)를

포장하면서 길바닥의 높이가 1미터 정도 높아졌기 때문입니다. 그리고 오페라 극장은 다양한 건축 양식을 혼합해 지어졌는데, 이것 또한 언론으로부터 비난받았다고 합니다. 그래서 극장을 설계한 건축가가 괴로워하다가 스스로 목숨을 끊었다는 이야기도 전하지요.

1869년 처음 개관했을 때는 모차르트의 '돈조반니'가 개관 작품으로 공연되었고, 전쟁 후 1955년 극장을 복구해 재개관했을 때는 베토벤의 '피델리오'를 재개관 기념작으로 공연해 명성을 얻었습니다. 극장 안에는 입석을 포함해 2천여 명이 넘는 사람이 공연을 관람할 수 있습니다. 7월과 8월을 제외하고 매년 총 300회 이상의 공연이 열린다고 합니다. 이는 유럽의 오페라 극장 중 가장 많은 횟수입니다.(7월과 8월은 악단이 잘츠부르크 음악제에 나가기 때문에 휴관해요.)

많은 음악가들이 묻혀 있는 '중앙 묘지'에는 300만 명 정도의 사람들이 잠들어 있습니다. 원래 중앙 묘지는 시내 다섯 군데에 흩어져 있는 묘지를 한데 모으기

신기해. 여기가 베토벤의 묘지라니.

위해 조성된 시립 묘지입니다. 이때 음악가들의 묘지를 이곳에 이장하면서 지금은 '음악가들의 묘지'라고 불리게 되었지요.

중앙 묘지 정문에서 200미터 가량 올라가면 중앙에 모차르트의 기념비를 중심으로 베토벤, 슈베르트, 요한 슈트라우스, 브람스 등의 묘지가 늘어서 있습니다. 실제 모차르트의 무덤은 빈의 마르크스 묘지에 있습니다. 모차르트의 장례식 날 시신을 땅에 묻을 때 가족들과 친척들이 참석하지 않고 비석도 새기지 않아, 그의 시신이 묻혀 있는 정확한 장소는 모른다고 해요. 그래서 중앙 묘지에는 모차르트의 무덤이 아니라 기념비를 세워 놓은 것이지요. 슈베르트는 죽을 때 베토벤 옆에 묻어 달라는 유언을 남겼다고 하는데, 그의 유언대로 베토벤의 묘지 옆에 슈베르트 묘지가 있습니다.

빈은 600년이 넘게 왕국을 유지한 합스부르크 왕가의 역사와 세계 최고의 음악가들이 활동한 발자취와 숨결이 고스란히 남아 있는 역사 도시이자 음악 도시입니다.
만약 빈에 갈 기회가 생긴다면 그 도시가 간직하고 있는 왕가의 품위와 그 무엇보다 음악을 사랑한 빈 시민들의 음악사랑 정신을 시내 곳곳에서 느껴 보길 바랍니다.

인물 이야기

합스부르크 왕가의 가장 유능한 여황제
마리아 테레지아

(1717~1780 / 재위 : 1740~1780)

마리아 테레지아는 합스부르크 왕가 카를 6세의 장녀로 태어났습니다. 카를 6세에게는 아들이 한 명 있었는데, 그 아들이 어린 나이에 죽은 후 그녀는 유일한 상속인이 되었습니다. 당시 법으로는 여자가 황제의 자리에 오를 수 없었는데, 카를 6세는 자신의 딸을 황제의 자리에 앉히기 위해 법을 바꾸고, 주변 국가들의 승인도 받아 놓았습니다.

그런데 막상 카를 6세가 죽고 나자 주변 국가들은 마리아 테레지아의 상속에 대해서 이의를 제기하고 나섰습니다. 그리하여 오스트리아 왕위 계승 전쟁이 일어나게 되었지요.

전쟁이 일어나자 처음에는 프로이센에 슐레지엔 지역을 빼앗기는 등 고전했으나, 마리아 테레지아는 당시 적대 관계에 있었던 영국과 손을 잡는 정치적 수완을 발휘해 주변국으로부터 합스부르크 왕가의 상속인으로 인정을 받았습니다.

당시 합스부르크 왕가는 신성 로마 제국의 황제 자리도 겸했는데, 신성 로마 제국의 법은 여자가 황제의 자리에 오르는 것을 금지하고

마리아 테레지아는
위대한 여황제야.

있었습니다. 그러자 그녀는 남편인 프란츠 슈테판을 황제에 자리에 앉히고 공동 통치자가 되었습니다. 하지만 남편은 정치적 능력이 부족해 실질적인 통치는 모두 그녀가 했다고 합니다.

남편이 죽고 난 뒤에는 아들 요제프 2세와 공동으로 통치하면서 세금을 낮추고, 교육 제도를 개혁하는 등 정치적으로 많은 성과를 거두었습니다.

마리아 테레지아는 자녀를 16명이나 두었으나 맏아들이자 후계자인 요제프 2세와 갈등을 빚었고, 자식들과는 사이가 좋지 않았다고 전하고 있습니다. 프랑스의 루이 16세와 결혼한 마리 앙투아네트가 그녀의 딸입니다.

마리아 테레지아는 합스부르크 왕가의 황제들 중에서 가장 유능한 인물 중 하나이며, 가장 인간적인 인물이라는 평가를 받고 있습니다.

제5장

세계의 정치, 경제를 움직이는 도시

런던 · 뉴욕

오늘날 세계를 이끄는 나라로는 미국과 영국을 꼽을 수 있습니다. 영국은 과거 전 세계에 식민지를 건설할 정도로 막강한 세력을 뻗쳤던, 그야말로 해가 지지 않는 나라였습니다. 지금도 전 세계 53개국에 이르는 영국 연방 국가들을 거느리고 있으며, 엘리자베스 여왕은 15개 나라의 국가 원수를 겸하고 있지요. 영국의 수도 런던은 의회 민주주의를 가장 먼저 실현해 정치 선진국의 길을 열었고, 산업 혁명을 이룩해 세계 경제를 이끈 도시랍니다. 오늘날에도 런던은 수많은 기업들의 본부와 가장 많은 외국계 은행들이 들어와 세계의 경제를 이끌고 있지요.

미국은 세계 최강국으로서 국제 정치를 이끌고, 막강한 자본력으로 세계 경제를 주름잡고 있는 나라랍니다. 미국의 수도는 워싱턴이지만 뉴욕은 세계의 수도 역할을 한다고 볼 수 있어요. 오늘날 국제 정치를 이끌고 있는 유엔뿐만 아니라 많은 국제기구가 모여 있고, 세계의 내로라하는 대기업의 본부와 금융기관의 본부가 자리하고 있지요. 뉴욕의 '월스트리트(월가)'는 런던의 '롬바르드가'와 함께 국제 금융의 2대 중심지로 알려져 있습니다.

그럼, 지금부터 세계의 정치, 경제를 움직이는 런던과 뉴욕에 대해 좀 더 자세하게 살펴볼까요?

산업 혁명의 도시
런던

위치 : 잉글랜드 남동쪽
면적 : 1,572㎢(서울은 605㎢)
인구 : 8,170,000명
특징 : 문화의 도시, 여왕의 도시

역사 산업 혁명을 이룩한 세계의 중심지

런던은 현재 영국의 수도이면서, 유럽의 여러 도시들 중에서도 가장 규모가 큰 도시입니다. 런던은 한때 전 세계에 식민지를 건설했을 정도로 막강한 제국을 형성했던 대영제국의 수도이고 일찍이 산업 혁명이 일어나 가장 빠른 성장을 이룩했던 나라의 수도로, 오늘날에는 세계 금융과 교통의 중심지로 21세기를 이끌어 나가는 최고의 도시라고 말할 수 있습니다. 그런가 하면 2012년 하계 올림픽을 개최해 1908년, 1948년에 이어 세 번이나 올림픽을 개최한 유일한 도시가 되었습니다.

오늘날 런던은 과거의 영광을 잇기라도 하듯이 경제, 교통, 문화,

관광, 교통 등 모든 분야에서 중심 역할을 하고 있습니다.

유럽의 500대 기업들이 가장 근무하기 좋은 장소로 런던을 꼽았고, 유럽에 본부를 둔 세계 500대 기업 중 3분의 1 정도가 런던에 대표부를 두고 있으며, 유엔 회원국 거의 대부분이 런던에 대사관이나 무역관을 설치하고 있습니다. 무엇보다 교통이 편리하고 근무 환경이 다른 도시들보다 뛰어났기 때문이지요.

런던은 세계 금융의 중심지로 세계 경제를 이끄는 역할을 하고 있습니다. 런던은 미국의 뉴욕과 함께 세계 금융의 2대 중심지라 할 수 있는데, 어떤 면에서는 뉴욕을 능가하는 규모라고 합니다. 런던에는 500개 가까운 외국계 은행이 있고, 런던 증권거래소의 하루 거래액은 세계 최대 규모입니다.

또한 런던은 일주일에 1,500여 개의 각종 공연이 열리는 문화 도시이며, 파리와 더불어 가장 많은 관광객이 찾는 관광 도시이며, 유럽에서 가장 많은 대학을 보유하고 있는 교육 도시이고, 전체 면적의 약 40퍼센트가 공원과 녹지 공간으로 조성된 환경 도시입니다.

'런던'이라는 지명은 '호수의 도시(혹은 성)'를 뜻하는 켈트 어 '린딘'에서 유래했습니다. 여기서 호수는 오늘날 런던 시내를 흐르는 템스 강을 의미합니다. 그리고 1세기경 로마가 이곳을 침입하면서 템스 강 유역에 요새를 건설했는데, 로마 인들이 이를 라틴 어로 '론디니움(Londinium)'이라고 말한 데서 '런던'이라는 지명이 생긴 것으로 보고 있습니다.

런던의 역사는 로마 인들이 이곳을 침입한 43년에 시작되었습니

다. 로마 제국의 카이사르는 브리타니아(지금의 영국 대부분을 차지하고 있는 브리튼 섬을 말함.)를 정복할 때 런던 지역에 론디니움이라는 요새를 건설했고, 그것이 도시의 시작이었습니다. 5세기경 게르만 족의 침입으로 로마 군은 런던에서 철수했고, 그곳에 게르만 족들이 정착하게 되었지요.

게르만 족의 한 부족인 앵글 족, 색슨 족 등이 정착하면서 런던은 도시로 발전하기 시작했습니다. 6세기 말에는 켄트, 웨식스, 서식스 등 7개의 왕국이 건설되었습니다. 그리고 9세기 초, 웨식스의 왕 에그버트는 7개의 왕국을 통일해 잉글랜드 왕국을 세웠습니다. 잉글랜드는 '앵글 인의 토지'라는 의미입니다.

그런데 9세기 중엽부터 침입을 시작한 데인 인은 10세기 말에 전 잉글랜드를 통일해 카누트 왕이 잠시 잉글랜드의 왕이 되었습니다. 카누트 왕 집권 당시 프랑스의 노르망디로 망명했던 웨식스 왕가의 에드워드는 카누트 왕이 죽자 잉글랜드로 돌아와 앵글로색슨 계통의 왕가를 부활시켰습니다. 하지만 에드워드 왕이 후계자 없이 죽자 잉글랜드는 왕위 계승권 문제로 혼란에 휩싸이게 되었습니다.

에드워드 왕이 죽고 난 뒤, 잉글랜드를 통치하게 된 사람은 뜻밖에도 프랑스의 노르망디 공작 윌리엄이었습니다. 윌리엄은 에드워드 왕이 망명 시절에 자신에게 왕위를 약속했다며 잉글랜드를 침략했습니다. '정복왕'이라 불리는 윌리엄은 1066년에 잉글랜드의 왕이 되었습니다. 그가 바로 노르만 왕조를 연 윌리엄 1세입니다. 노르만 왕조는 영국에서 매우 중요한 위치를 차지하고 있는데, 그 이유는 윌리엄 1세 이후 지금까지 영국의 왕은 모두 윌리엄 1세의 후손들이기 때문입니다. 노르만 왕조 이후 영국 왕실은 플랜테저넷 왕가(1154~1399), 랭커스터 왕가(1399~1461), 요크 왕가(1461~1485), 튜더 왕가(1485~1603), 스튜어트 왕가(1603~1649, 1660~1714), 하노버 왕가(1714~1917), 지금의 윈저 왕가(1917~)로 이어지고 있습니다.

윌리엄 1세는 강력한 중앙 집권의 봉건 제도를 추진했는데, 그의 이런 제도는 잉글랜드의 국력을 향상시켰고, 그 결과 윌리엄 1세 이후 그 누구도 섬나라 잉글랜드를 침범하지 못했습니다.

윌리엄 1세 집권 이후 런던은 잉글랜드의 중심 도시가 되어 본격적으로 성장하기 시작했습니다. 성당과 건축물들이 들어서고, 템스 강에는 돌다리가 세워졌습니다. 또 상인들의 협동조합인 '길드'가 생

존 왕이 서명하는 모습을 그린 그림이야.

겨 상업이 발달했습니다.

1215년 런던에서는 존 왕이 '마그나 카르타(대헌장)'에 서명을 하는데, 마그나 카르타는 왕권을 제한한다는 내용의 문서입니다. 존 왕은 프랑스에 있는 영국 영토를 잃고 이를 회복하기 위해 무리한 세금을 거두고 군사를 모았습니다. 왕의 무리한 요구를 견디지 못했던 귀족들은 런던 시민의 지지를 얻어 왕의 권한을 제한하는 서명을 받아낸 겁니다.

마그나 카르타는 세계적으로도 유명한 문서인데, 왕이 법 위에 군림하는 것이 아니라 왕도 법과 원칙에 따라야 한다는 것을 상징적으로 보여 준 사건이기 때문입니다. 또한 마그나 카르타는 자유와 민주주의 상징이 되어 세계 많은 나라의 정치에 영향을 주었습니다.

존 왕의 뒤를 이은 헨리 3세는 마그나 카르타를 지키지 않았는데, 이로 인해 1265년 귀족과 시민 대표가 참가하는 회의가 열렸습니다. 이것이 바로 영국 하원의 기초가 된 '의회'입니다. 14세기 중엽부터는 상원과 하원의 양원제가 되었고, 영국은 가장 빨리 의회 민주주의 정치를 시작한 나라가 되었습니다.

런던은 16~17세기에 들어 빠르게 성장했습니다. 엘리자베스 1세 때에는 세계 무역의 중심지가 되면서 화려한 집들을 짓기 시작했고, 극장들이 들어서기 시작했습니다. 영국이 낳은 세계적인 작가 셰익스피어가 활동한 시기가 바로 이때입니다.

하지만 17세기 런던은 많은 재앙과 변화가 있었던 시기이기도 합니다. 1642~1660년 사이에 일어난 청교도 혁명과 1688년에 일어난 명예혁명은 오늘날 영국이 의회 민주주의로 가는 데 중요한 역할을 한 사건입니다. 청교도 혁명은 찰스 1세의 폭정 때문에 청교도를 중심으로 일어난 무력 혁명입니다. 그 결과 크롬웰을 중심으로 한 의회파는 국왕 찰스 1세를 죽이고 공화정을 수립했습니다. 하지만 크롬웰도 독재 정치를 시작해 시민들의 불만은 높아갔고, 결국 정부는 공화정을 폐지하고 찰스 1세의 아들인 찰스 2세를 왕위에 앉혀 왕정으로 되돌아갔습니다.

찰스 2세에 이어 왕위에 오른 제임스 2세는 다시 왕의 권력을 강화하려다 의회에 의해 폐위당했습니다. 그리고 의회는 제임스 2세의 딸인 메리와 그녀의 남편인 윌리엄 3세를 공동 왕으로 추대했습니다. 이것이 바로 1688년 일어난 명예혁명입니다. 피를 흘리지 않고 정권 교체를 이루었다고 해서 명예혁명이라 부른 것입니다. 메리와 윌리엄 3세는 왕에 오르기 전 '권리장전'이라는 문서에 서명했는데, 이는 왕권을 제한하고 의회의 권한을 우위에 두는 문서입니다. 이 문서로 인해 의회는 왕위 계승까지도 결정할 수 있는 권리를 가졌고, 의회 정치의 기초를 확립하게 되었습니다.

이런 정치적 변화와 함께 1655년에는 페스트(흑사병)가 발생해 10만 명 가까운 시민들이 목숨을 잃었고, 1666년에는 대화재가 발생해 많은 건물과 성당, 주택이 불에 타 잿더미로 변했습니다. 대화재 이후 런던 시민들은 돌과 벽돌로 건물을 짓기 시작했고, 도시는 곧 되살아났습니다.

18세기가 되면서 런던은 급속도의 성장을 보이는데, 바로 산업 혁명의 결과입니다. 런던에서 산업 혁명이 제일 먼저 일어나게 된 배경에는 몇 가지 이유가 있습니다. 첫 번째로 정치적 안정입니다. 청교도 혁명과 명예혁명이 일어난 뒤 무엇보다 정치가 안정되었기 때문에 산업 쪽으로 힘을 쏟을 수 있는 여건이 만들어졌던 것이지요.

두 번째로 풍부한 자원과 원료가 공급되었기 때문입니다. 영국은 당시 전 세계에 식민지를 건설해 그곳으로부터 많은 양의 자원과 원료를 공급받을 수 있었습니다. 세 번째로 노동력이 풍부했습니다. 많은 농촌 인구가 런던으로 몰려들어 일할 사람이 넘쳐나던 시기였습니다. 마지막으로 기술의 발전입니다. 증기기관 등을 발명해 대규모 공장을 세워 대량 생산의 길을 열었기 때문입니다.

산업 혁명의 결과 런던의 상인들과 은행가들은 막대한 부를 축적할 수 있었고, 런던은 세계적인 도시로 성장할 수 있었습니다.

그러나 도시로 인구가 몰리면서 콜레라 등이 발생해 환경은 악화되었고, 노동자들의 삶은 더욱 열악해져 도시 빈민가가 생겨났습니다. 산업 혁명 이후 나타난 도시 문제를 해결하기 위해 19세기부터 런던 시민들은 도시 외곽으로 옮겨 가기 시작했습니다. 그러자 도시 외곽과 시내를 연결하는 철도가 빠르게 발달했고, 1863년에는 세계 최초로 지하철이 개통되었습니다.

제1, 2차 세계대전으로 런던은 많은 피해를 입었지만 곧 복구되었고, 현재 런던은 모든 분야에서 세계의 중심 역할을 하는 최고의 도시가 되었습니다.

버킹엄 궁전, 웨스트민스터 사원, 대영 박물관, 런던탑

런던은 다른 도시들과는 달리 영국의 수도로서 여왕의 도시라는 이미지가 강하게 남아 있습니다. 1952년에 왕위에 오른 엘리자베스 2세 여왕은 현재 60년이 넘게 영국의 군주로 군림하고 있고, 왕실과 관련된 일들은 영국뿐 아니라 세계의 관심을 받고 있습니다. 그런 이유로 런던을 이야기할 때는 자연스럽게 여왕이 살고 있는 궁전을 떠올리게 됩니다.

현재 엘리자베스 여왕이 살고 있는 버킹엄 궁전은 19세기 빅토리아 여왕 때(1837)부터 왕실 공식 거주지가 되었습니다. 버킹엄 궁전은 원래 버킹엄 공작 존 셰필드의 개인 주택이었습니다. 버킹엄 공작은 1703년 뽕나무 밭을 사들여 자신의 저택을 지었는데, 1761년 국왕 조지 3세는 왕비 샤를로트를 위해 버킹엄 공작에게서 이 집을 구입했습니다. 그 후 조지 4세는 당시 최고의 건축가였던 존 내시에게 새로 궁전을 짓게 했습니다. 당시에는 건축 비용이 많이 들어 국민들의 원성을 사기도 했지만 버킹엄 궁전은 다른 나라의 궁전과 비교해 보면 그렇게 화려한 궁전은 아닙니다. 그 이유는 의회의 견제가 있었기 때문이지요.

궁전이 완성되고 나서 이곳을 공식적인 왕실 거주지로 사용한 왕은 빅토리아 여왕입니다. 이후 역대 영국의 왕은 모두 버킹엄 궁전에서 거주하며 사무를 보고 있습니다. 여왕이 궁전에 있을 때는 궁전 정면에 왕실기가 게양된다고 합니다. 버킹엄 궁전은 여왕이 휴가를 떠나

는 8~9월에는 궁전의 일부를 개방하고 있습니다.

　버킹엄 궁전은 많은 관광객들이 찾는 최고 명소 중 하나입니다. 특히 궁전의 근위병 교대식은 최고의 볼거리입니다. 근위병 교대식은 5~7월 사이에는 매일 열리고, 그 외에는 이틀에 한 번 열린다고 합니다. 오전 11시 혹은 11시 30분경 근위병 교대식이 시작되면 궁전 앞 차량들은 통제되고 퍼레이드가 펼쳐집니다.

　런던에는 왕실과 관련된 또 하나의 명소가 있는데, 바로 웨스트민스터 사원입니다. 웨스트민스터 사원은 영국의 국교인 성공회의 성당이며, 영국 왕실의 왕들과 위인들이 묻혀 있는 곳입니다. 또한 1066년 윌리엄 1세의 대관식 이후 역대 왕 40여 명의 대관식이 열렸던 아주 유서 깊은 장소입니다. 웨스트민스터 사원은 인근에 있는 웨스트민스터 궁전(현재 국회의사당)과 함께 1987년 유네스코 세계문화유산으로 지정되었습니다.

　웨스트민스터 사원은 7세기경 베드로를 받드는 베네딕토회의 수도원으로 처음 지어졌습니다. 그러다가 11세기에 신앙심이 깊어 '참회왕'으로 불리는 에드워드 왕이 '세인트 페트로 성당'으로 새롭게 건립하면서 그 기원이 되었습니다. 현재와 같은 고딕 양식의 성당으로 바뀐 것은 13세기 헨리 3세에 의해서입니다. 헨리 3세는 프랑스 건축가를 시켜 고딕 양식으로 새롭게 성당을 건축했고, 16세기 초에 헨리 7세는 동쪽에 예배당을 새로 지었습니다. 현재 서쪽 정면에 세워진 쌍둥이 탑은 18세기 중반에 세워진 것입니다.

　사원 내부 벽면이나 바닥은 역대 영국 왕을 비롯해 정치가, 문인, 음악가, 과학자들의 묘비와 기념비로 가득하고, 내부에 전시된 왕실

웨스트민스터 사원, 국회의사당, 빅벤까지 다 보이네.

의 유물 또한 큰 볼거리입니다.

웨스트민스터 사원은 왕의 대관식뿐만 아니라 왕실의 결혼이나 장례식, 그리고 국가의 중요한 행사도 치러지고 있는 곳인데, 현재 절반은 국가의 교회로, 절반은 박물관으로 사용되고 있습니다.

런던을 이야기할 때 여왕의 도시라는 이미지 외에 또 하나 빼놓을 수 없는 것이 바로 의회 민주주의입니다. 영국은 의회 민주주의를 가장 먼저 시작한 나라이기 때문에 수도 런던에 있는 국회의사당은 의회 민주주의의 상징입니다. 런던 템스 강변에 있는 지금의 국회의사당은 그 웅장함과 화려함으로도 유명하지만 원래 이곳이 궁전이었다는 데 중요한 의미가 있습니다. 그만큼 의회의 역할을 중요시했다는 의미가 담겨 있기 때문입니다.

웨스트민스터 사원 근처에 세워진 웨스트민스터 궁전은 에드워드 왕이 20년에 걸쳐 지은 궁전입니다. 이후 16세기 헨리 8세까지 약 450년간 왕궁으로 사용되었습니다. 그런데 16세기 초 발생한 화재로 궁전 일부가 타자, 헨리 8세는 다른 곳으로 왕궁을 옮겼고, 이때부터 궁전은 의회가 사용하게 되었습니다.

국회의사당으로 바뀐 궁전은 1834년 대화재를 겪었습니다. 이 화재로 궁전은 웨스트민스터 홀을 제외한 대부분이 잿더미가 되었습니다. 대화재 이후 곧바로 국회의사당을 새로 짓는 작업이 시작되었습니다. 공모전을 통해 당선된 건축가 찰스 배리와 퓨긴의 설계로 1840년부터 20년 동안 공사가 이루어졌습니다.

고딕 양식의 건물로 새롭게 지어진 국회의사당은 길이 265미터, 복

런던의 상징 빅벤이야. 그런데 지금 몇 시더라.

　도 길이 약 3.2킬로미터, 방 1천 개 규모이며, 북쪽에는 하원의사당이 남쪽에는 상원의사당이 있습니다. 또 북쪽에는 시계탑으로 유명한 '빅벤'이 있고, 남쪽은 빅토리아 타워가 있습니다.
　빅벤은 국회의사당 북쪽에 설치된 높이 106미터의 거대한 시계탑을 이르는데, 동서남북 네 방향에 모두 거대한 시계가 있습니다. 원래 빅벤은 시계탑을 이르는 말이 아니라, 시계탑 안에 있는 무게 14톤의 큰 종을 이르는 말이었습니다. 이 종을 제작한 '벤저민 홀'의 공을 기리기 위해 그의 이름을 딴 것인데, 크기가 커서 '빅벤'이라 부른 거지요. 지금은 종보다는 시계가 더 유명하게 되어 빅벤은 시계탑을 가리키는 말이 되었습니다. 시계탑의 시계는 지름 7미터, 시침 길이 2.7미터, 분침 길이 4.3미터나 됩니다. 정확한 시간을 알려 주고 있어서 방송국에서도 표준 시간을 알려 주는 시계로 사용하고 있다고 합니다. 또한 1859년 완공한 이래 지금까지 단 3번만 멈춰 섰을 정도로 정밀하다고 합니다. 빅벤은 2012년 엘리자베스 여왕의 즉위 60주년을 기넘해 '엘리자베스 타워'로 이름이 바뀌었습니다.

영국의 자랑이자 런던의 자부심이라 할 수 있는 것이 바로 대영 박물관입니다. 대영 박물관은 바티칸 박물관, 루브르 박물관과 함께 세계 3대 박물관이자, 1753년에 세워진 세계 최초의 국립 공공 박물관입니다. 특히, 대영 박물관은 그 소장품이 방대하고, 역사적 가치가 높은 희귀한 유물들을 많이 소장하고 있는 박물관으로도 유명합니다. 한때 해가 지지 않는 나라라고 할 정도로 전 세계에 많은 식민지를 거느리며 다양한 유물들을 수집했기 때문이지요.

그래서 일부 사람들은 세계 여러 나라의 보물들을 약탈해서 만든 박물관이라고 해 '큰 도둑 박물관'이라고도 합니다. 하지만 또 일부에서는 그랬기 때문에 세계적으로 가치가 있는 유물들을 지금까지 잘 보관할 수 있었다고 말하기도 합니다.

대영 박물관은 1753년 한스 슬론 경이 기증한 7만 점 이상의 예술품과 유물 등으로 설립되었고, 일반에게 공개된 것은 1759년입니다.

처음에 박물관 건물은 17세기에 지은 몬태규 백작의 저택을 구입해 사용했는데, 이후 세계 각지에서 가지고 온 유물들이 많아지면서 건물을 확장했습니다. 그리고 1887년 자연사 소장품은 자연사 박물관으로, 1970년 민족학 소장품은 인류학 박물관으로, 1997년에 함께 있던 영국 도서관은 새로운 건물을 지어 옮겼습니다. 이후에도 대영 박물관은 꾸준히 전시실을 확장했는데, 2000년에는 한국 전시실도 마련되어 약 250여 점의 도자기와 유물을 전시하고 있습니다.

대영 박물관은 설립 초기부터 일반인에게 무료로 개방하고 있습니다. 이는 유물을 기증한 한스 슬론 경의 뜻이기도 하지만 국제법상 자국의 유물이 타국의 유물보다 적을 경우 입장료를 받지 못하기 때문이라고 합니다.

한때 전 세계에 식민지를 거느리며 호령했던 영국이지만 내부적으로는 가슴 아픈 역사도 많이 간직하고 있습니다. 이런 영국의 슬픈 역사와 밀접한 관련이 있는 건물이 바로 '런던탑'입니다.

런던탑은 템스 강 북쪽에 위치한 중세 시대의 요새이자 왕궁이었는데, 한때 왕족을 비롯한 귀족들을 고문하고, 처형시킨 비극의 장소이기도 합니다. 런던탑(타워)은 윌리엄 1세가 왕위에 오르자마자 처음 세웠는데, 성에 가까운 건물입니다. 윌리엄은 탑을 세운 후 왕궁으로 사용했고, 이후 국왕들이 10여 개의 탑과 높은 성벽을 쌓아 지금의 모습이 완성되었습니다.

런던탑에서 가장 크고 핵심적인 건물은 중앙에 있는 '화이트 타워'입니다. 이 타워는 1078년 윌리엄 1세가 세웠습니다. 흰색으로 칠을

런던탑이라고 해서 왔더니 성처럼 생겼네.

해서 화이트 타워라고 불렸고, 높이가 30미터로 11세기에는 런던에서 가장 높은 건물이었습니다. 또 한쪽에 있는 '블러드 타워'는 그 이름에 걸맞게 에드워드 5세와 그의 동생이 투옥되었다가 처형당한 곳으로 추정되는 곳입니다. 또 '타워 그린'은 헨리 8세의 두 부인과 제인 그레이 등 7명이 처형당한 곳으로 악명이 높은 곳입니다. 엘리자베스 1세도 이곳에 갇혔다가 풀려난 적이 있지요. 템스 강과 연결된 '반역자의 문'은 처형을 앞둔 죄수들이 배를 타고 들어올 때 사용하던 문입니다. 런던탑은 1988년 유네스코 세계문화유산에 지정되었습니다.

이와는 대조적으로 런던탑 안에는 '주얼 하우스'라는 곳이 있습니다. 14세기 이래 영국 왕실의 보물들을 보관하고 있는 곳이지요. 세계 최대 다이아몬드인 '아프리카의 별'도 이곳에 있습니다.

런던의 명소 중 하나인 타워 브리지는 템스 강 하류에 자리 잡고 있는 개폐식의 다리인데, 1887년에 공사를 시작해 1894년에 완공했습니다. 다리 양 옆으로 두 개의 첨탑이 있고, 첨탑 사이에는 위, 아래 두 개의 다리가 있는데, 아래쪽은 열고 닫을 수 있는 개폐식 다리입니다. 큰 배가 통과할 때 약 1분 30초에 걸쳐 다리가 열린다고 합니다.

 큰 배가 통과해 다리가 열리면 사람들은 위쪽 다리를 이용해 건널 수 있습니다. 위쪽 다리는 첨탑에 있는 엘리베이터를 이용해 올라갈 수 있고, 이곳에 올라가면 멋진 전망을 감상할 수 있습니다.

 런던이 다른 도시들과 비교해 또 하나 자랑할 수 있는 것은 바로 공원입니다. 런던은 시내 곳곳에 공원이 있는데, 전체 공원의 면적은 도시의 3분의 1에 해당될 정도로 엄청난 규모입니다. 이들 공원 중에서 가장 특별하면서도 의미 있는 하이드 파크는 런던에서 가장 크고 유명한 공원입니다. 처음에는 웨스트민스터 사원의 소유였다가 1536년 헨리 8세가 자신의 사냥터로 사용했고, 17세기 초 찰스 1세 때에 시

배가 지나가면 다리가 올라간대.

민들이 이용할 수 있는 공원이 되었습니다. 그러니까 하이드 파크는 무려 400년의 역사를 자랑하는 곳이지요. 워낙 넓어서 공원 안에 있으면 런던 시내 중심가라는 것을 잊는다고 합니다. 공원 안에는 역시 200년이나 된 인공 호수가 있어서 산책하기에도 좋습니다.

하이드 파크가 특별하면서도 의미 있는 공원이 된 것은 '연설자의 코너(Speaker's Corner)' 덕분입니다. 이곳에서는 누구나 연단에 올라가 어떤 이야기든 말할 수 있습니다. 누구든지 하고 싶은 말을 할 수 있는 자유를 허락하는 곳, 그것이 바로 의회 민주주의를 가장 먼저 실현한 영국 런던의 모습입니다.

지구여행자의 말

영국은 한때 세계를 지배한 나라였고, 대영제국의 수도 런던은 유럽의 중심을 넘어 세계의 중심이 되었던 도시였습니다. 런던은 여전히 모든 면에서 유럽의 중심 도시 역할을 하고 있지요. 런던이 지금도 유럽 최고의 도시임을 자랑하며 꿋꿋하게 그 자리를 지키고 있는 원동력은 가장 먼저 의회 민주주의를 실현하고, 가장 먼저 산업 혁명을 이룩한 도시의 자부심 때문일 것입니다.
만약 런던을 방문할 기회가 생긴다면 도시 곳곳에 녹아 있는 런던 시민들의 자부심과 또 그들이 꿈꾸었던 자유와 행복을 가슴 가득 느껴 보길 바랍니다.

인물 이야기

사연 많은 튜더 왕조의 혈통 헨리 8세

(1491~1547 / 재위 : 1509~1547)

헨리 8세는 튜더 왕조 헨리 7세의 둘째 아들로 태어났습니다. 형이 일찍 죽자 후계자로 정해졌고, 1509년 왕위에 올랐습니다. 왕위에 오른 후 정치적인 이유 때문에 형의 아내였던 캐서린을 왕비로 맞았지만 둘 사이에는 아들이 없었습니다. 헨리 8세는 왕위를 물려 줄 아들이 필요했기 때문에 캐서린과 이혼하고, 캐서린의 궁녀였던 앤 불린과 결혼하려고 했습니다. 하지만 당시 가톨릭교회에서는 이혼을 허락하지 않았습니다.

헨리 8세는 자신의 이혼 요청을 교황이 거절하자 로마 가톨릭과 단절하고, 성공회를 설립해 스스로 우두머리를 맡았습니다. 현재 영국의 국교인 성공회는 바로 헨리 8세부터 시작된 것이지요.

헨리 8세는 이런 종교의 독립 외에도 웨일스, 스코틀랜드 등을 지배하고, 나라의 방비를 철저히 했으며, 정복 사업에도 심혈을 기울여 절대 왕정을 더욱 강화했습니다.

하지만 헨리 8세는 6명의 왕비를 두면서, 그중 2명의 왕비는 처형하고 3명의 왕비는 내쫓는 등 가정적으로는 많은 문제가 있었습니다.

보기엔 무섭게
안 생겼는데…

특히 앤 불린은 헨리 8세가 아들을 얻으려고 로마 가톨릭과 단절하고 결혼한 여인인데, 결국 아들은 낳지 못하고 처형당하는 비극의 왕비가 되었습니다. 한 가지 위안이라면 훗날 여왕이 되어 영국의 번영을 이룩한 엘리자베스 1세를 낳았다는 사실입니다.

또한 헨리 8세는 여러 명의 충신을 처형하는 잔혹한 면도 있었습니다. 그중 토머스라는 이름을 가진 세 명의 충신 토머스 울지, 토머스 크롬웰, 토머스 모어가 유명합니다. 토머스 모어는 유명한 소설인 『유토피아』를 쓴 사람입니다.

그럼에도 불구하고 헨리 8세는 왕권 강화와 정복 사업을 통해 무난하게 영국을 이끌었다는 비교적 좋은 평가를 받고 있는 왕입니다.

세계의 수도가 된 도시
뉴욕

위치 : 미국 북동부, 뉴욕 주의 남쪽 끝
면적 : 789㎢(서울은 605㎢)
인구 : 8,490,000명
특징 : 이민자들의 도시, 금융의 도시

역사

꿈을 실현하는 세계 최고의 도시

    세계 최고의 도시를 하나 꼽으라고 한다면 뉴욕은 단연 제일 앞자리에 이름을 올릴 수 있는 도시입니다. 세계 정치의 총본산이라고 할 수 있는 유엔 본부가 뉴욕에 있고, 세계 경제를 움직이는 월스트리트(월가) 또한 뉴욕에 있지요. 그뿐 아니라 세계 예술의 성지라고 할 수 있는 브로드웨이, 하늘을 찌를 듯이 높이 솟아 있는 수많은 빌딩들이 뉴욕의 상징이 되고 있습니다. 또한 뉴욕은 미국에서 인구 밀도가 가장 높은 도시이며, 가장 많은 이민자들이 모여 사는 도시, 가장 다양한 언어가 공존하는 도시이기도 합니다.

    미국은 행정 구역상으로 총 50개 주로 이루어져 있습니다. 뉴욕 주도 그중 하나입니다. 뉴욕 주에는 여러 도시들이 있는데, 뉴욕은 그 도시들 중 하나인 뉴욕시를 지칭합니다. 그리고 뉴욕시의 5개 자치구 중에서도 '맨해튼'을 의미하는 경우가 많습니다.

뉴욕시를 이루고 있는 5개의 자치구, 즉 맨해튼, 브루클린, 퀸스, 브롱크스, 스태튼아일랜드는 원래 독립되어 있다가 1898년에 뉴욕시로 합쳐졌습니다.

맨해튼은 뉴욕시에서 가장 뉴욕을 대표하는 곳이라고 할 수 있습니다. 맨해튼은 허드슨, 이스트, 할렘 등 3개의 강으로 둘러싸여 있는 섬입니다. 네덜란드 인들이 처음 발을 내딛은 곳이라서 초기에는 '뉴 암스테르담'으로 불렸지요. 네덜란드 인들이 처음 이곳에 도착했을 때, 이곳에는 여러 부족들로 이루어진 100여 개의 인디언 부락이 있었다고 전합니다.

브루클린은 맨해튼과 브루클린을 이어 주는 브루클린 다리가 생기기 이전에는 뉴욕의 중심지였습니다. 그래서 뉴욕에서 가장 많은 역사 유적지가 있는 곳이고, 인구도 가장 많은 지역입니다. 퀸스는 5개 자치구 중에서 가장 넓은 면적을 차지하고 있고, 인구는 브루클린에 이어 두 번째로 많습니다. 가장 다양한 민족이 사는 지역이며, 존 F. 케네디 공항이 이곳에 있습니다. 브롱크스는 뉴욕의 5개 자치구 중에서 유일하게 미국 본토와 연결되어 있는 곳이고, 이곳에 있는 브롱크스 동물원은 도시에 있는 동물원 중 미국에서 규모가 가장 큰 곳입니다. 스태튼아일랜드는 삼각형 모양의 섬인데, 맨해튼보다 2배 이상 큽니다. 하지만 인구는 5개 자치구 중에서 가장 적습니다.

뉴욕을 가장 먼저 발견한 사람은 이탈리아의 탐험가인 '조반니 다 베라차노'였습니다. 그는 1524년 프랑스 국왕의 명령으로 탐험을 시작해 뉴욕 만을 발견했고, 프랑스 도시 이름을 따서 '뉴 앙굴렘'이라는 이름을 붙였습니다. 당시 그곳에는 약 5천 명의 레나페 족 인디언들이 살고 있었다고 합니다.

이후 에스파냐 국왕의 명령을 받은 포르투갈의 '에스테반 고메스'도 뉴욕 만에 도착해 허드슨 강 입구를 발견했지만 실질적으로 이곳에 유럽인들이 정착한 것은 1609년 이후였습니다.

영국의 탐험가인 헨리 허드슨은 1609년 네덜란드 동인도 회사의 선박을 타고 뉴욕 항구에 도착했고, 오늘날 뉴욕의 젖줄이라고 하는 허드슨 강을 발견했습니다. 이후 네덜란드는 모피 무역을 하기 위해 1614년부터 맨해튼 남쪽 지역에 식민지를 건설했고, 이후 본격적으로 유럽인들의 이주가 시작되었습니다. 당시 네덜란드 식민지 책임자였던 '페터 미노이트'는 1626년 레나페 족 인디언들로부터 현재 가격으로 약 천 달러(당시 24달러) 정도의 물품을 주고 맨해튼 섬을 사들였습니다. 그리고 이곳을 뉴 암스테르담이라 불렀습니다.

그런데 1664년 영국 함대가 뉴 암스테르담을 강제로 점령했습니다. 당시 영국 왕이었던 찰스 2세는 동생 요크공(후에 영국 왕 제임스 2세)에게 이곳을 주었고, 뉴 암스테르담은 그의 이름을 따서 뉴욕이란 이름으로 바뀌었습니다.

영국의 지배하에 들어간 뉴욕은 이때부터 무역항으로서의 중요성이 높아졌고, 1700년에는 시청이 생기면서 본격적으로 발전했습니다.

그리고 18세기 후반에는 미국 독립전쟁(1775~1783)의 격전지가 되면서 주목받았습니다.

    1776년에 맨해튼 북쪽 지역에서 일어난 워싱턴 요새 전투에서는 미국 독립군이 영국에 대패해 1783년 전쟁이 끝날 때까지 영국군의 점령은 계속되었습니다. 그러다가 1783년 미국 독립군이 뉴욕을 탈환하면서 독립전쟁은 막을 내렸고, 뉴욕은 미국의 수도가 되었습니다. 미국의 초대 대통령이었던 조지 워싱턴은 1789년 뉴욕에서 대통령 취임 선서를 했고, 1790년까지 뉴욕은 미국 수도로서의 지위를 유지했습니다.

    19세기 초 새로운 도시 개발에 의해 뉴욕은 현대 도시로 탈바꿈

왼쪽이 허드슨 강, 오른쪽이 이스트 강이야. 가운데 섬처럼 보이는 게 맨해튼이지.

합니다. 1819년에는 운하가 개통되었고, 1857년에는 현재 뉴욕의 휴식처 역할을 하는 센트럴 파크도 건설되었습니다.

미국이라는 나라 자체가 유럽에서 건너온 많은 이민자들이 세운 나라이다 보니, 뉴욕도 많은 이민자들의 도시가 되었습니다. 맨해튼이나 브루클린은 노예로 팔려 온 아프리카 사람들이 많았고, 1847년 이후에는 아일랜드 사람들이 많이 이주해 왔습니다. 왜냐하면 당시 아일랜드에 대기근이 들었기 때문입니다. 1860년경에는 뉴욕에 거주하는 아일랜드 사람이 20만 명이 넘어섰습니다. 또 독일인들도 많이 이주해 와서 아일랜드 사람 다음으로 많았습니다. 1920년대에는 아프리카계 미국인들이 대거 이주해 와서 뉴욕은 아프리카계 사람들로 붐비는 도시가 되었습니다.

1920년 초에는 급격한 경제 성장으로 오늘날 뉴욕을 상징하는 초고층 빌딩들이 이때부터 건설되기 시작했고, 뉴욕은 세계에서 가장 많은 인구가 사는 도시가 되었습니다. 1930년대 뉴욕 대도시권의 인구는 천만 명이 넘었습니다. 뉴욕을 아파트의 도시라고 부르기도 하는데, 이는 많은 사람들을 수용할 수 있는 주거 공간을 확보하기 위해서였지요.

뉴욕은 제2차 세계대전 이후 유엔 본부가 들어서면서 세계 정치의 중심지가 되었고, 월스트리트는 뉴욕을 세계 경제의 중심지로 만들었습니다.

뉴욕은 이처럼 짧은 시간에 세계 최대의 도시가 되었지만 그만큼 여러 가지 문제점도 많이 발생했습니다. 우선 급격한 성장으로 많은 사람들이 도시로 몰려들다 보니 위생 문제가 가장 심각했습니다. 1849년 한 해에만 콜레라로 인한 사망자가 5천 명이 넘었다고 합니다. 또 도시 빈민들이 늘어남에 따라 범죄율도 다른 도시들보다 월등하게 높았습니다. 2001년에는 9·11 테러가 발생해 수천 명의 사람들이 목숨을 잃는 슬픔을 겪었고, 2012년에는 태풍으로 많은 피해를 입기도 했습니다.

하지만 뉴욕은 이런 모든 어려움들을 극복했고, 현재 연간 5천만 명의 관광객이 방문하는 도시가 되었으며, 세계 수도로서의 역할을 충실히 수행하고 있지요.

볼거리 **자유의 여신상, 엠파이어스테이트 빌딩, 브로드웨이**

　뉴욕은 세계의 수도라는 이름에 걸맞게 볼거리가 아주 풍부한 도시입니다. 그중에서도 뉴욕 하면 떠오르는 상징물로 '자유의 여신상'을 꼽을 수 있지요.

　자유의 여신상은 미국 독립선언 100주년을 기념해 프랑스가 미국에 선물한 것입니다. 프랑스는 미국의 독립전쟁 때 미국 편에 서서 영국을 몰아내는 데 결정적인 역할을 했습니다. 프랑스는 이것을 기념하고 축하하기 위해 자유의 여신상을 미국에 선물했습니다.

　원래는 미국 독립선언 100주년에 맞춰 1876년 7월 4일 여신상을 공개할 계획이었는데, 제작이 늦어져서 그보다 10년 뒤인 1886년 10월 28일 성대한 제막식이 거행되었습니다.

　자유의 여신상을 제작한 사람은 프랑스 조각가 바르톨디입니다. 그는 자유의 여신상을 제작하면서 뉴욕을 방문해 여신상을 어디에 세울지도 정했습니다. 그 위치는 맨해튼 남부 끝자락에 있는 인공섬인 리버티 섬이었습니다. 리버티 섬은 뉴욕 항구로 들어오는 입구에 있기 때문에 뉴욕을 방문하는 사람들이 제일 먼저 보게 되는 섬입니다. 여신상의 전체 무게는 225톤, 전체 높이는 93미터나 됩니다. 받침대 높이가 47미터, 여신상만의 높이는 46미터입니다. 여신상의 받침대는 미국의 건축가 리처드 헌트가 나중에 따로 완성한 것입니다.

　여신상은 7대륙(북아메리카, 남아메리카, 아시아, 아프리카, 유럽, 오스트레일리아, 남극)을 상징하는 뿔이 달린 왕관을 머리에 쓰고 있고,

오른손에는 횃불을, 왼손에는 '1776년 7월 4일'이라는 날짜가 새겨진 독립선언서를 들고 있습니다. 왕관 부분에는 뉴욕을 내려다볼 수 있는 전망대가 설치되어 있고, 전망대 밑에는 박물관과 선물가게도 있습니다. 전망대까지는 내부에 있는 나선형의 계단이나 엘리베이터를

이용해 올라갈 수 있습니다.

이 거대한 여신상을 파리에서 제작해서 뉴욕까지 가져오기 위해서 바르톨디는 여신상을 조립식으로 제작했고, 내부 뼈대는 에펠 탑을 설계했던 에펠에게 부탁했습니다. 여신상은 그 규모에 비해 속이 텅 비어 있었기 때문에 바람에 약한 게 문제였는데, 에펠은 여신상의 내부에 철골 구조물을 넣어 문제를 해결했습니다.

바르톨디는 1875년 여신상 제작을 시작해 1884년에 완공했고, 잠시 파리에 세워 두었다가 분해해 1885년 배를 통해서 뉴욕으로 들여왔습니다. 그리고 현장에서 바로 조립 작업을 시작해 1886년 10월 28일 완성했습니다.

자유의 여신상의 정식 명칭은 '세계를 비추는 자유'입니다. 미국의 독립을 기념해서 만들었다는 데서 자유와 민주주의를 의미한다고 볼 수 있습니다. 자유의 여신상은 많은 이민자들에게 삶에 대한 희망을 안겨 주었고 1984년에 유네스코 세계문화유산으로 지정되었습니다.

자유의 여신상은 세월이 흐르면서 여러 부분이 훼손되어 1983년 전면 보수했고, 횃불 부분은 거의 새로 만들었습니다. 보수된 여신상은 1986년 7월 4일 새롭게 공개되었습니다. 자유의 여신상은 지금도 같은 자리에서 뉴욕을 찾는 많은 사람들에게 희망의 메시지를 전하고 있습니다.

뉴욕은 또 초고층 빌딩들이 많기로 유명한 곳입니다. 그중에서도 엠파이어스테이트 빌딩은 뉴욕뿐 아니라 미국에서도 인기 있는 빌딩입니다. 건설 당시 세계에서 제일 높은 빌딩이었는데, 이 빌딩이 건설된 데에는 재미있는 이야기가 전하고 있습니다. 1920년대 뉴욕에서는 가장 부유한 시민 두 사람이 있었다고 합니다. 두 사람 모두 자동차 회사를 운영하고 있었는데, 한 명은 크라이슬러의 '월터 크라이슬러'이고, 다른 한 명은 제너럴모터스의 '존 제이콥 래스콥'이었습니다. 두 사람은 누가 가장 높은 빌딩을 짓는지를 놓고 경쟁을 벌였는데, 그 결과 각각 크라이슬러 빌딩과 엠파이어스테이트 빌딩이라는 뉴욕을 상징하는 빌딩 두 개가 탄생하게 되었습니다. 크라이슬러 빌딩이 1년 먼저 완공되긴 했지만 엠파이어스테이트 빌딩은 1년 뒤 크라이슬러 빌딩을 제치고 세계에서 가장 높은 빌딩이 되었습니다.

1929년 공사를 시작한 이 빌딩은 비교적 짧은 시간과 적은 비용이 들었는데, 그럼에도 불구하고 아주 견고하게 지어졌다고 합니다. 1945년 제2차 세계대전 때 폭격기가 79층을 들

엠파이어스테이트빌딩 전망대는 꼭 들러야지.

이받고 추락했는데, 빌딩은 아무런 피해를 입지 않았다는 이야기가 전합니다.

1931년 완공된 엠파이어스테이트 빌딩은 지상 102층, 높이는 무려 381미터로 세계에서 가장 높은 빌딩이었습니다. 1950년대에 세워진 67미터 안테나 탑을 포함하면 높이가 448미터나 됩니다. 이 빌딩이 지어질 당시 미국은 대공황 시대였기 때문에 고층 건물을 지으려는 사람들이 별로 없었습니다. 덕분에 엠파이어스테이트 빌딩은 1972년 세계무역센터 빌딩이 지어지기 전까지 무려 41년간이나 세계에서 제일 높은 빌딩으로서의 명성을 누릴 수 있었습니다.

엠파이어스테이트 빌딩은 해마다 '계단 오르기 대회'라는 이색적인 경기가 열리는 곳으로도 유명합니다. 1978년부터 시작된 이 대회는 86층 전망대까지 총 1,576개의 계단을 오르는 경기입니다. 지금까지 최고 기록은 2003년에 기록한 9분 33초입니다. 또한 수많은 영화의 촬영 장소로도 인기가 높아 지금까지 무려 90여 편의 영화가 이곳을 배경으로 만들어졌습니다.

뉴욕이 세계 정치의 중심지가 된 것이 유엔 본부 덕분이라면 세계 경제의 중심지가 된 것은 월스트리트(Wall Street)가 있었기 때문입니다. 월스트리트라는 명칭은 1653년 뉴욕에 발을 내딛었던 네덜란드인들이 인디언이나 영국인의 공격을 막기 위해 허드슨 강에서 이스트 강까지 쌓은 나무기둥으로 된 벽을 '월'이라고 불렀던 것에서 유래합니다. 이 벽은 당시 이곳을 점령했던 영국군에 의해 1699년 철거되어 지금은 흔적을 찾아볼 수 없습니다.

어디로 가야 월스트리트지?

현재 월스트리트는 미국의 주요 금융기관들이 있는 맨해튼 남부 구역에 있습니다. 브로드웨이 내리막길에서 이스트 강까지 일곱 블록으로 이루어진 좁고 짧은 거리입니다. 미국의 남북 전쟁 때부터 이미 금융의 중심지 역할을 했는데, 1792년 세계 최대 규모를 자랑하는 뉴욕증권거래소가 들어서면서 금융기관들이 하나둘씩 모여들기 시작했습니다. 현재 이곳에는 뉴욕증권거래소를 비롯해 연방준비은행, 투자 은행, 증권회사, 신탁회사, 보험회사, 국제적인 상품거래소 등이 몰려 있습니다. 특히, 뉴욕증권거래소의 주가 동향은 전 세계 경제에 영향을 미치고 있고, 그로 인해 현재에도 월스트리트는 런던의 롬바르드가와 함께 세계 경제를 움직이고 있습니다.

사람들은 뉴욕이 높은 빌딩과 금융 기관, 많은 사람들이 붐비는 현대화된 도시로만 알고 있는 경우가 많은데, 뉴욕은 예술의 도시라고 말할 수 있습니다. 그것을 증명하는 대표적인 것이 바로 연극과 뮤지컬의 성지 브로드웨이입니다.

브로드웨이에 있는 극장들은 웨스트 42번가에서 53번가에 거쳐서 밀집되어 있는데, 전성기에는 80여 개의 극장들이 몰려서 성황을 이루었고, 지금은 40여 개의 극장이 자리 잡고 있습니다. 브로드웨이 중심지를 타임스 스퀘어라고 하는데, 웨스트 42번가와 웨스트 47번가가 합쳐져서 만나는 교차로 지역을 말합니다. 타임스 스퀘어는 매일 약 300만 명 이상의 사람이 지나가는 세계에서 가장 붐비는 보행자 교차로 중 하나입니다. 타임스 스퀘어라는 이름은 1904년 뉴욕타임스의 본사가 이곳에 들어서면서 붙여진 이름입니다.

현재 브로드웨이에는 하루에도 수만 명의 관객들이 연극이나 영화, 뮤지컬 등을 관람하고 있으며, 여름에는 유명한 공연과 비평가들로부터 인정받은 작품들을 보기 위해 세계 각국에서 관광객들이 모여 들고 있습니다.

뉴욕은 허드슨 강 어귀에 자리 잡은 항구 도시이면서, 여러 섬으로 이루어져 있기 때문에 각 섬들을 연결하는 다리들이 많습니다. 그 중에서도 단연 돋보이는 다리는 브루클린 다리입니다.

브루클린 다리는 뉴욕에서 가장 아름다운 다리야.

　브루클린 다리는 맨해튼 남단에서 이스트 강을 건너 브루클린을 연결하는 다리로, 중앙 부분은 현수교로 되어 있습니다. 현수교란 강의 양쪽 끝에 큰 기둥을 세우고, 그 사이를 케이블로 연결해 매달아 놓은 다리를 말합니다. 이 다리는 1869년 착공해 1883년 5월 24일 완공했습니다. 다리의 양쪽 끝에 세워 놓은 철제 탑(기둥) 사이의 길이는 487미터인데, 당시 현수교로서는 최고의 길이였습니다.

　브루클린 다리는 뉴욕에서 가장 아름다운 다리로 꼽히고 있지만, 사실 이 다리가 완공되기까지는 많은 어려움이 있었습니다. 처음 이 다리를 설계한 사람은 존 로블링이었습니다. 그는 1841년 강철을 꼬아 만든 케이블을 고안했는데, 이 케이블로 많은 현수교를 건설했지요.

　하지만 로블링은 다리 공사를 시작한 지 얼마 안 되어 사고로 죽고 말았습니다. 로블링이 죽은 뒤 그의 아들인 워싱턴 로블링이 공사 감독을 맡았습니다. 그런데 워싱턴도 물 밑 깊은 곳에서 일하다가 잠수병에 걸리고 말았습니다. 온몸에 마비 증상이 생겨 공사 현장에 나올 수 없었던 워싱턴은 집에서 아내를 통해 업무를 지시하면서 공사 과정을 감독했습니다. 공사가 진행될수록 잠수병을 앓는 사람도 늘어났고, 사고로 인해 죽는 사람들도 20명이 넘었습니다. 워싱턴도 다리가 완공되기 전에 사망하자 결국 그의 아내에 의해 다리가 완공되었습니다.

수많은 난관을 극복하고 건설된 브루클린 다리는 현재 예술성과 안전성에서 높은 평가를 받고 있으며, 수많은 영화와 드라마에 배경으로 등장하면서 뉴욕을 대표하는 상징물이 되었습니다.

이 밖에도 뉴욕을 대표하는 볼거리는 너무나 많습니다. 한때는 세계에서 제일 높은 빌딩이었지만 2001년 9월 11일 테러로 무너져 버린 세계무역센터를 비롯해, 유엔 본부, 록펠러 센터, 예술가들의 거리인 소호 거리, 센트럴파크, 메트로폴리탄박물관, 자연사박물관 등 세계 최고의 볼거리들이 즐비한 곳입니다.

지구여행자의 말

1492년 콜럼버스가 아메리카 대륙을 발견한 이후, 수많은 사람들이 꿈을 찾아 미지의 대륙을 찾아왔습니다. 그리고 그 중심지는 바로 뉴욕이었습니다. 한마디로 뉴욕은 모든 사람들의 꿈을 실현시켜 줄 첫 출발지였던 셈입니다. 뉴욕이 세계 최고가 되기까지는 수많은 사람들의 피와 땀이 있었기에 가능했습니다. 혹시 뉴욕을 방문할 기회가 생긴다면 무엇이든 세계 최고인 뉴욕의 진면목을 도시 곳곳에서 느껴 보길 바랍니다.

인물 이야기

노벨평화상을 수상한 대통령 시어도어 루스벨트

(1858~1919 / 재임 기간 : 1901~1909)

시어도어 루스벨트는 미국의 제26대 대통령입니다. 미국에는 루스벨트라는 이름의 대통령이 두 명 있습니다. 한 명은 시어도어 루스벨트이고, 다른 한 명은 미국 역사상 유일하게 4선 대통령을 지낸 제32대 대통령 프랭클린 루스벨트입니다. 시어도어 루스벨트는 프랭클린 루스벨트의 부인인 엘리노어 루스벨트의 삼촌이기도 합니다. 두 명 다 미국 역사에서 중요한 역할을 한 대통령이지요.

시어도어 루스벨트는 '테디 루스벨트' 또는 '테디 베어'라고 부르기도 합니다. 어느 날 곰 사냥을 나갔던 루스벨트가 다친 암컷 곰 한 마리를 사냥하지 않고 풀어 준 일이 화제가 되면서 테디 베어라는 별칭이 붙게 된 것입니다. 시어도어 루스벨트는 1858년 10월 27일 뉴욕시에서 태어났습니다. 부유한 가정에서 태어난 루스벨트는 1880년 하버드 대학교를 졸업했고, 23세 때에 뉴욕 주의회 의원으로 선출되었습니다. 루스벨트는 의원 시절에 옳지 못한 정치에 저항하고, 소신 있는 행동으로 명성을 얻게 되었는데, 그런 과정에서 많은 적을 만들기도 했습니다. 1884년에는 어머니와 아내가 잇따라 사망하자 정신적 충

우리나라의 김대중 대통령도
노벨평화상을 받았는데!

격을 받아 잠시 정치를 떠났다가 1889년부터 다시 정치 활동을 시작했습니다. 1895년에 뉴욕 주 경찰청장이 되어 정치인들의 부패를 수사해 명성을 얻었습니다. 1898년에는 미국과 에스파냐 전쟁이 발발하자 의용군을 조직해 전투에 참가했고, 그 전투에서 대승을 거두어 국민적 영웅이 되었습니다. 1900년 대통령 선거에서 부통령이 되었고, 1901년 매킨리 대통령이 암살당하자 그의 뒤를 이어 제26대 미국 대통령이 되었습니다. 그는 대통령이 되어 물가와 산업 분야에 적극 개입하는 정책을 펼쳐 국민들의 호응을 얻었습니다. 또 국제 정치에도 깊이 관여해 많은 국제적 분쟁을 해결했습니다. 그 공로로 1906년에 노벨평화상을 수상했습니다.

   1909년 대통령에서 퇴임한 뒤에도 계속해서 대통령 선거에 나섰지만 뜻을 이루지 못하고 1919년 뉴욕의 자택에서 숨을 거두었습니다. 그는 생전에 뉴욕 주에 있는 미국 자연사박물관 건립에 큰 도움을 주었는데, 그로 인해 자연사박물관 입구에는 백마를 타고 있는 루스벨트의 동상이 세워져 있습니다.

제6장

특별한 환경으로
세계의 주목을 받는 도시

베네치아·부다페스트

이탈리아 북부에 위치해 있는 베네치아와 헝가리의 수도 부다페스트는 모두 물(바다, 강)이라는 특별한 환경을 이용해 세계인의 시선을 사로잡은 도시예요. 차이가 있다면 베네치아의 바다는 척박한 환경이었지만 부다페스트의 강은 천혜의 환경이었어요.

베네치아는 그 자체로 기적의 도시입니다. 바다 위의 도시라니! 베네치아는 인간의 고통과 강인한 인내와 의지, 피와 땀이 만들어 낸 기적의 도시라고 할 수 있어요. 반면에 부다페스트는 도나우 강이 선물한 도시예요. 하지만 그 때문에 부다페스트는 천 년의 역사 중 700년 가까운 세월 동안 이민족의 침입과 지배하에서 고통의 세월을 보내야 했답니다. 그렇지만 부다페스트는 강인한 정신력과 인내로 도나우 강의 선물을 지키며 환상적인 도시를 건설했습니다. 그 결과 오늘날 베네치아는 누구나 한 번쯤 가고 싶어 하는 도시가 되었고, 부다페스트는 도나우 강의 선물을 이용해 세계 최고의 야경을 자랑하는 도시로 탈바꿈했어요.

그럼, 지금부터 세상의 시선을 사로잡은 특별한 두 도시를 좀 더 자세히 살펴볼까요?

물의 도시
베네치아

위치 : 이탈리아 북부 베네토 주
면적 : 414.6㎢(서울은 605㎢)
인구 : 270,000명
특징 : 아드리아 해의 여왕

> **역사**
바다 위에 세워진 중개 무역의 도시

이탈리아 북부에 있는 베네치아는 세계에서 가장 독특한 형태의 도시이자, 가장 특별한 도시입니다. 베네치아는 118개의 섬과 150여 개의 운하, 400여 개의 다리로 이루어진 지구상에서 유일하게 물 위에 떠 있는 도시입니다. 또한 지구상에서 유일하게 자동차가 없는 도시이기도 합니다. 자동차가 없는 대신 '곤돌라'라는 작은 배가 좁은 골목과 운하를 다니면서 교통수단이 되지요.

베네치아는 바다 위에 세워져 물의 도시라는 다른 이름을 갖고 있습니다. 베네치아가 바다 위에 건설될 수 있었던 것은 독특한 지형 때문입니다. 베네치아는 포 강과 아드리아 해가 만나는 곳에 있습니다. 그러다 보니 한쪽은 포 강에서 내려온 모래가 쌓여서 바다와 분리된 얕은 호수(석호)들이 형성되었고, 한쪽은 아드리아 해에서 밀려드는 조수간만의 차로 넓은 갯벌이 형성되었습니다. 사람들은 이렇게 만들어진 얕은 호수나 갯벌 바닥에 나무를 박고, 그 위에 석회암과 대리석을 얹어 집을 지었습니다. 세월이 지나면서 바다 속에 박힌 나무는 공기와 차단되면서 아주 단단하게 굳어져 건물들이 유지될 수 있었던 거지요.

5세기 중반 서로마 제국이 멸망(476)하면서 북동쪽에 살고 있던 이민족들이 베네치아가 있는 베네토 지역을 침범했습니다. 이민족들이 침입하자 그 지역에 살고 있던 사람들은 피난을 떠날 수밖에 없었고, 결국 내륙의 끝인 바다까지 쫓겨 갔습니다. 그들이 도착한 곳은 석호와 갯벌로 이루어진 습지대였고, 몇 개의 섬들이 군데군데 놓여 있는 그야말로 바다 가운데였습니다. 더 이상 갈 데가 없어진 베네토 지역 사람들은 바다에 떠 있는 큰 섬을 중심으로 정착했고, 이후 인구가 늘어나면서 주변 섬으로 이동했습니다. 그리고 갯벌 지역이나 석호 지역에 나무를 박고, 그 위에 집을 지으면서 점차 거대한 바다 위 도시가 탄생한 것입니다.

베네치아가 도시의 모습을 갖춘 것은 6세기 말경입니다. 그리고 이때부터 지리적 이점을 바탕으로 여러 도시와 무역을 하면서 발전하기 시작했습니다. 7세기 말에는 동로마 제국(비잔틴 제국)의 황제로부터 자치권을 인정받아 독자적으로 총독을 뽑고, 하나의 공화국으로 성장했습니다. 바로 베네치아공화국의 탄생입니다.

당장이라도 가라앉을 것 같아.

바다 위에 세워진 베네치아는 세계에서 가장 독특한 도시이지.

9~10세기경에는 동부 지중해 지역과 서유럽과의 중개 무역을 통해 막대한 부를 축적해, 이탈리아 도시들 중에서 가장 부강한 도시 국가가 되었습니다. 또 12~13세기에는 십자군 전쟁에 참여하면서 동방 무역까지 장악해, 14세기경에는 최고 전성기를 맞이했습니다.

하지만 베네치아는 15세기 오스만 제국과의 대립으로 점차 세력이 약화되었고, 16세기에는 페스트(흑사병)의 유행으로 인구가 10만 명 정도로 감소했습니다. 그러다가 1797년 프랑스의 나폴레옹에게 점령당하면서 천 년 이상 유지되었던 베네치아공화국은 막을 내리게 되었습니다. 1815년부터는 오스트리아의 지배하에 들어갔고, 1848년 잠시 공화국이 재건되었으나 유지되지 못하고, 1866년 이탈리아 왕국에 편입되었습니다.

오늘날 베네치아는 전 세계 사람들이 누구나 한 번쯤은 가고 싶어 하는 최고의 관광지로 각광받고 있는 곳이지만 지반 침하와 지구 온난화로 인한 해수면 상승으로 해마다 홍수 피해를 입고 있습니다.

지반 침하는 지반이 약한 곳(모래와 갯벌)에 나무를 박고 그 위에 건물을 세운 탓도 있지만, 19세기 산업화 과정에서 지하수를 무분별하게 개발한 것이 원인이 되었다고도 합니다. 이렇게 해수면이 상승하면 머지않아 베네치아는 바다 속 도시가 될지도 모릅니다. 그래서 이탈리아 정부는 베네치아를 살리기 위해 '모세 프로젝트'를 시작했습니다. 모세 프로젝트는 베네치아 앞바다에 해수면의 높이에 따라 수문이 자동 조절되는 장치를 만들어 홍수의 피해를 막는 것입니다. 이 방법은 비용이 많이 들어 공사가 지연되고 있습니다.

해수면이 자꾸 높아져서 모세 프로젝트가 시작되었어. 꼭 성공했으면 좋겠어.

볼거리 곤돌라, 산마르코 광장, 산마르코 대성당, 두칼레 궁

    베네치아에서 가장 시선을 끄는 것은 자동차를 대신하는 '곤돌라'라는 작은 배입니다. 곤돌라는 이탈리아 어로 '흔들리다'라는 뜻입니다. 곤돌라는 11세기부터 베네치아의 운하를 다니는 중요한 교통수단이었고, 한때 1만 척이나 될 정도로 많았습니다. 현대에 와서는 수상 버스와 모터보트의 보급으로 주로 관광용으로 이용되고 있고, 그 수도 수백 척에 불과합니다.

    곤돌라는 길이 10미터, 너비 1.2~1.6미터 정도의 작은 배로 5~6명이 탈 수 있습니다. 앞쪽과 뒤쪽이 모두 휘어져 올라가 있고, 뱃머리는 아주 조금 왼쪽으로 꺾여 있는데, 노 젓는 힘을 줄이고 곤돌라가

뱅뱅 도는 것을 막기 위해서입니다.

곤돌라는 1562년부터 이어진 전통을 유지하며 모두 검은색으로 통일되어 있습니다. 중세 시대 귀족들이 자신들의 부를 과시하기 위해 곤돌라를 치장하자, 나라에서 법으로 곤돌라의 색을 모두 검은색으로 통일시킨 것이지요.

관광용으로 사용하는 곤돌라를 타면 '곤돌리에'라는 뱃사공이 있습니다. 자격시험을 합격한 사람만이 곤돌리에가 될 수 있지요. 곤돌리에가 부르는 멋진 칸초네(이탈리아 대중 가곡)는 베네치아에서만 경험할 수 있는 멋진 낭만이자 추억입니다. '베네치아에서 곤돌라를 타고 곤돌리에가 부르는 멋진 칸초네를 듣지 않았다면 베네치아를 가 본 것이 아니다.'라는 말이 있을 정도지요.

베네치아는 도시 곳곳, 어느 하나 놓칠 수 없는 많은 유적들이 즐비한데, 그중에서 베네치아 관광의 첫 번째는 단연 '산마르코 광장'과 '산마르코 대성당'입니다. 산마르코 광장은 나폴레옹이 이곳을 점령했을 때 세계에서 가장 아름다운 응접실이라고 칭찬했을 정도로 사람들에게 사랑받고 있는 장소입니다.

산마르코 광장은 현재 베네치아의 정치, 경제, 문화, 종교의 중심지 역할을 하고 있습니다. 광장은 큰 광장과 작은 광장 두 부분으로 이루어져 있습니다. 작은 광장의 한 면은 바다 쪽으로 열려 있고, 그곳 입구에는 1268년경에 세워진 거대한 화강암 원기둥 두 개가 있습니다. 이 원기둥은 콘스탄티노플(오늘날의 이스탄불)에서 가져온 것이라고 합니다. 서쪽에 있는 원기둥 위에는 베네치아의 첫 수호성인인 성 테오도로가 창을 들고 악어를 제압하는 청동상이 있고, 동쪽 원기둥 위에는 베네치아의 새로운 수호성인인 성 마르코를 상징하는 날개 달린 청동 사자상이 있습니다.

큰 광장은 사다리꼴 모양으로 삼 면은 건물로 둘러싸여 있고, 나머지 한 면은 산마르코 대성당이 위치해 있습니다. 대성당 앞에는 99미터 높이의 거대한 종탑이 있는데, 이곳에 올라가면 베네치아 시내를 한눈에 볼 수 있습니다.

광장은 9세기경 처음 만들어져서 12세기경에 주변 건축물이 들어섰고, 현재의 모습을 갖춘 것은 16세기경입니다. 그런데 나폴레옹은 베네치아를 점령했을 때 산마르코 광장을 둘러싸고 있던 건물 중 하나인 후기 르네상스 시대의 건물을 헐어 버리고, 그 자리에 '나폴레옹의 날개'라는 건물을 새로 만들었습니다. 현재 광장 주변 건물들은 박물관, 카페 등으로 사용되고 있습니다.

산마르코 광장 동쪽에 위치해 있는 산마르코 대성당은 베네치아의 수호성인인 성인 마르코의 유해가 모셔져 있는 성당입니다. 원래 베네치아의 수호성인은 성 테오도로였는데, 829년 베네치아의 상인이 이집트에서 성 마르코의 유해를 옮겨오자 당시 베네치아의 총독은 성 마르코를 베네치아의 새로운 수호성인으로 선언하고 유해를 모실 새로운 성당의 건축을 결정했습니다.

산마르코 대성당은 동로마 제국(비잔틴 제국)의 콘스탄티노플에 있는 성 사도 대성당을 모방해 지었습니다. 832년에 완성되었다가 976년경에 소실되었고, 오늘날과 같은 형태의 성당이 된 것은 11세기경이지만 이후 500년 동안 더 공사를 진행해 현재의 모습을 갖추었습니다.

비잔틴 양식과 로마네스크 양식이 섞인 성당으로, 십자가 모양의 5개의 돔이 있는 것이 특징입니다. 성당 입구 정면 위에는 4마리의 청동 말상이 세워져 있는데, 여기에는 재미있는 일화가 전하고 있습니다. 원래 이 청동 말상은 콘스탄티노플에 있던 것을 13세기 초 십자군 전쟁 때 가져왔습니다. 그런데 1797년 나폴레옹이 베네치아를 점령했을 때, 이 청동 말상을 전리품으로 가져가서 파리 개선문 위에 장식했습니다. 그래서 나폴레옹이 전쟁에서 패한 뒤에야 다시 베네치아로 돌아올 수 있었지요. 그런데 지금 산마르코 대성당 입구에 있는 것은 복제품입니다. 대기오염 등으로 부식되어 원래 청동 말상은 박물관으로 옮겨 보관하고, 복제품을 만들어 장식하게 된 것입니다.

산마르코 대성당은 화려하기로도 유명합니다. 베네치아공화국 최전성기에 지어졌기 때문이지요. 베네치아는 전성기에 여러 나라와의 무역을 통해, 또는 다른 나라를 침략해 많은 유물과 장식품들을 가져와 대성당을 장식했습니다.

대성당은 황금사원이라는 별칭도 갖고 있는데, 천장과 제단, 내부 벽면 일부를 황금과 보석으로 장식해 화려함의 극치를 보여 주고 있습니다. 특히 12세기부터 17세기까지 오랜 시간 동안 만들어진 모자이크 벽화는 또 하나의 걸작입니다.

산마르코 대성당 옆에 있는 두칼레 궁도 베네치아에서는 빼놓을 수 없는 건축물입니다. 두칼레 궁은 베네치아를 다스렸던 총독의 공식 거주지입니다. 1797년 나폴레옹에게 점령당하기 전까지 약 1,100년 동안 베네치아의 총독들은 두칼레 궁에서 살면서 집무를 보았습니다.

두칼레 궁은 9세기경에 처음 만들어졌고, 현재와 같은 고딕 양식의 모습은 14~15세기경에 건축되었습니다. 흰색과 분홍색으로 꾸민 외관은 산뜻하면서도 우아한 느낌을 주고, 36개의 기둥으로 이루어진 회랑은 궁전을 더욱 돋보이게 합니다.

두칼레 궁에서 가장 유명한 방은 재판을 담당했던 '10인 평의회' 방입니다. 이 방에는 가로 24.65미터, 세로 7.45미터의 세계에서 가장 큰 유화 작품이 있습니다. 틴토레토가 그린 '천국'이라는 제목의 이 작품은 한쪽 벽면을 가득 채우고 있어서 방에 들어서면 분위기를 압도합니다. 10인 평의회 방에는 베네치아의 주요 역사를 그린 그림과 베

이게 산마르코 성당의 청동말상이구나.

두칼레 궁은 우아한 느낌이 들어.

네치아의 역대 총독 76명의 초상화도 함께 걸려 있습니다.

그리고 '탄식의 다리(통곡의 다리)'도 유명합니다. 원래 두칼레 궁전에는 재판소와 감옥이 함께 있었는데, 궁전 뒤 작은 운하 건너편에 새로운 감옥을 지었습니다. 그리고 궁전에서 운하를 건너 바로 감옥에 갈 수 있도록 다리를 만들었는데, 그것이 바로 탄식의 다리입니다.

죄수들은 궁전 안 재판소에서 판결을 받으면 이 다리를 건너 감옥으로 향했고, 다리를 건너면서 다시는 아름다운 베네치아의 풍경을 볼 수 없다는 생각에 한탄하는 한숨을 쉬었다고 해서 '탄식의 다리'라는 이름이 붙은 것입니다.

하지만 베네치아에서 가장 유명한 다리는 '리알토 다리'입니다. 리알토 다리는 'S'자 모양으로 이루어진 베네치아의 대운하에 최초로 건설된 다리입니다.

12세기까지 대운하를 가로지르는 다리가 없어서 여러 가지로 불편한 점이 많았습니다. 그래서 이때부터 돌로 된 다리를 건설하기 위해 여러 차례 시도했지만 부식되거나 붕괴되어 모두 실패했습니다. 그러다가 1591년에 안토니오 다 폰테가 돌로 된 리알토 다리를 설계해 완성했습니다. 1854년에 아카데미아 다리가 대운하에 건설되기 전까지 리알토 다리는 베네치아 대운하에 건설된 유일한 다리였습니다. 게다가 다리 자체도 가장 아름다운 다리라는 찬사를 받고 있습니다. 다리 위에는 베네치아의 대표적인 기념품인 유리공예품과 귀금속, 가죽 제품, 가면 등을 파는 상점들이 늘어서 있고, 항상 사람들로 붐비는 곳이지요.

베네치아는 도시 그 자체로 볼거리가 풍부하지만 '베네치아 카니발'도 유명합니다. '카니발'은 가톨릭에서 사순절 전, 10여 일 정도 열리는 축제를 말합니다. 사순절은 예수가 광야에서 40일 동안 금식하면서 사탄의 유혹을 이겨낸 것을 기념해 가톨릭 신자들이 이 기간 동안 금식과 금욕을 하면서 개인적인 희생을 하는 시기입니다. 사순절에는 마음껏 먹고 마실 수 없기 때문에 사순절이 오기 전에 마음껏 먹고 즐기는 풍습이 생겼는데, 이것이 바로 카니발입니다.

　베네치아의 카니발은 세계 10대 축제 중 하나이며, 이탈리아 최대의 축제입니다. 베네치아 카니발뿐만 아니라 전 세계적으로 카니발은 모두 부활절을 기준으로 매년 날짜가 바뀌는데, 보통 1월 말에서 2월 사이입니다.

리알토 다리는 항상 사람들로 북적이는 곳이야.

좀 무서운데 나도 써 보고 싶어.

    카니발 기간에는 가장 행렬, 연극 공연, 불꽃 축제, 가면무도회 등 다양한 행사가 베네치아 곳곳에서 열립니다. 행사 중에서 가장 관심을 끄는 것은 축제 마지막 주말에 열리는 가면무도회입니다. 가면무도회가 끝나면 가면과 의상에 대한 경연대회도 열리기 때문에 카니발 축제 기간에는 어디든 화려한 가면과 의상을 입은 사람들을 만날 수 있지요.

    베네치아의 카니발은 12세기경 처음 시작된 축제입니다. 이렇게 오랜 전통을 지니고 있지만 한때 금지되기도 했습니다. 1797년 나폴레옹은 베네치아를 점령하자 이곳의 카니발 행사를 금지시켜 버렸습니다. 나폴레옹이 물러간 다음 이탈리아를 통치한 무솔리니도 카니발을 금지했지요. 그러다가 전통 축제를 복원하기 위한 베네치아 시민들의 노력으로 1979년이 되어서야 다시 열릴 수 있었습니다. 오늘날 베네치아 카니발에는 매년 300만 명 이상이 참가해 축제를 즐긴다고 합니다.

베네치아는 물 위에 떠 있는 도시라는 것만으로도 사람들의 관심을 끄는 상당히 매력적인 도시이지만, 천 년이 넘는 시간 동안 형성된 역사적 유산의 아름다움도 느낄 수 있습니다. 그리고 이민족의 침입을 피해 육지 끝까지 쫓겨가, 결국 바다 위에 삶의 터전을 건설할 수밖에 없었던 베네치아 사람들의 애환, 그리고 놀라운 생명력으로 바다 위 도시라는 기적을 만들어 낸 그들의 강인한 힘과 불굴의 의지는 베네치아 시내 곳곳에 녹아 있습니다.

만약 베네치아를 방문할 기회가 생긴다면 베네치아 사람들이 만들어 낸 기적 같은 모습을 마음속 깊이 간직하고 오길 바랍니다.

인물 이야기

『동방견문록』을 쓴 서양인 마르코 폴로

(1254~1324)

　마르코 폴로는 『동방견문록(원제 : 세계의 서술)』이라는 여행기를 써서 동양의 역사와 문화를 처음으로 유럽에 알린 베네치아 출신 상인입니다.
　마르코 폴로는 1254년 베네치아에서 태어났는데, 그때는 베네치아가 동방과의 해상 무역으로 부를 축적해 최고의 전성기를 누리던 시기였습니다. 마르코 폴로의 아버지 니콜로 폴로 역시 무역상이었습니다. 니콜로는 동생인 마페오 폴로와 동방으로 무역을 떠났다가 우연히 원나라 사신을 만나게 되었고, 그 사신을 따라 원나라에 가 약 1년 동안 여행했습니다. 당시 원나라 황제였던 쿠빌라이는 서양에 관심이 많았습니다. 그래서 폴로 형제를 교황에게 파견하는 사신으로 임명했습니다. 니콜로는 교황에게 쿠빌라이의 편지를 전하고 다시 원나라로 갈 때 마르크 폴로를 데려갔습니다.
　마르코 폴로는 1274년, 베네치아를 떠난 지 3년 만에 원나라에 도착해 쿠빌라이를 만났고, 그곳에 머물면서 쿠빌라이의 총애를 받았습니다. 관직도 얻었고 17년 동안이나 그곳에서 생활했지요. 오랜 외국 생활 끝에 마르코 폴로는 고향으로 돌아가고자 쿠빌라이에게 간청했지만 쿠빌라이는 허락하지 않았습니다. 그러다가 원나라 공주의 여행 안내자로 선발되어 겨우 원나라를 떠날 수 있었고, 베네치아를 떠난 지 24년이 지난 1295년에야 베네치아로 돌아왔습니다. 하지만 마르코 폴로는 베네치아와 제노바의 전쟁에 휘말려 제노바 감옥에 갇히게 되었는데, 거기서 원나라에서 보고 들은 것들을 당시 작가였던 루스티첼로에게 기록하게 했습니다. 이렇게 해서 나온 것이 『동방견문록』입니다.

『동방견문록』은 13~14세기 이란, 아시아, 몽골 등의 역사와 문화, 풍속을 정리한 역사적으로 매우 귀중한 문헌입니다. 또 『동방견문록』 덕분에 서양에서는 동양에 대해 관심을 가질 수 있었고, 이후 동양의 많은 문물들이 유럽으로 전파될 수 있었습니다. 그리고 15세기 콜럼버스 등 많은 탐험가들은 『동방견문록』을 보고 미지의 세계를 탐험하려는 꿈을 꾸었습니다.

마르코 폴로는 1299년 베네치아와 제노바가 평화조약을 맺은 이후 풀려났습니다. 그리고 1324년 숨을 거둘 때까지 베네치아에서 상인으로 살았습니다. 마르코 폴로가 감옥에 있을 때 그의 친구들은 그에게 동양에 대해 말한 모든 거짓말들을 인정하고 죄를 사면 받으라고 했다고 합니다. 당시 친구들은 『동방견문록』에 나오는 이야기들을 대부분 믿지 않았지요. 『동방견문록』에는 과장된 이야기가 있긴 하지만 대체로 충실하게 기록했다는 평가를 받고 있습니다.

도나우 강이 만든 도시 부다페스트

위치 : 헝가리 북서부 도나우 강 양쪽
면적 : 525㎢(서울은 605㎢)
인구 : 1,740,000명
특징 : 도나우 강의 진주

 역사

이민족의 지배와 침략의 역사

　현재 헝가리의 수도인 부다페스트는 도나우 강을 사이에 두고 높은 언덕 쪽의 부다 지역과 평지로 되어 있는 페스트 지역이 합쳐진 곳입니다. 그래서 '도나우 강이 만든 도시, 도나우 강의 진주, 도나우 강의 장미' 등 도나우 강과 관련된 다른 이름이 많습니다. 유네스코도 1987년 도나우 강변과 부다 성 지구를 세계문화유산으로 지정했습니다. 도나우 강은 영어로는 '다뉴브 강'이라고 합니다.

　도나우 강은 독일 남부의 알프스 산지에서 시작해 오스트리아, 헝가리, 크로아티아, 세르비아 등 여러 나라를 거쳐 흑해로 흘러 들어가는 길이 2,850킬로미터의 긴 강입니다. 유럽에서는 3,690킬로미터인 러시아의 볼가 강 다음으로 긴 강이지요.

부다페스트 지역에 처음 사람이 살기 시작한 것은 기원전 4세기경으로 알려져 있지만, 기록된 역사는 89년경 로마 제국의 요새가 이곳에 건설되면서부터입니다. 그리고 896년 러시아에서 이주해 온 헝가리 인들의 조상인 마자르 족이 이곳을 점령하면서 본격적으로 도시의 모습을 갖추기 시작했습니다. 이런 까닭에 현재 헝가리 인들은 헝가리의 건국 시기를 896년으로 보고 있습니다.

하지만 헝가리 왕국이 정식으로 성립된 것은 한 세기가 지난 이후의 일입니다. 마자르 대공 게저의 아들인 이슈트반 1세는 1000년, 다른 종교를 믿던 부족장들을 몰아내고 가톨릭을 국교로 하는 헝가리 왕국을 세워 초대 국왕에 올랐습니다. 이때 수도로 정한 곳이 페스트 지역이었습니다.

부다페스트는 헝가리 왕국이 세워지고 나서 페스트 지역을 중심으로 발전하기 시작했습니다. 그러나 13세기에 몽골군의 침략으로 도시 대부분이 파괴당하자 당시 국왕이었던 벨라 4세는 지금의 부다 지역에 새로운 왕궁을 건설했고, 부다 지역은 헝가리 왕국의 수도가 되었습니다. 15세기경 마차시 1세는 르네상스 문화를 도입하고, 영토를 확장해 헝가리의 황금시대를 열었습니다. 하지만 그 황금시대는 오래 가지 못했습니다. 16세기에 오스만 제국이 침입해 헝가리 대부분을 점령했기 때문입니다.

오스만 제국이 헝가리를 점령하고 난 뒤 부다 지역은 오스만 제국의 총독이 머물렀기에 계속 발전할 수 있었지만 페스트 지역은 완전

이게 도나우 강이구나.

부다페스트에서는 건축물을 보면서 역사를 되새겨 보면 좋아.

히 버려진 도시가 되었습니다. 페스트 지역이 다시 발전하기 시작한 것은 헝가리를 점령한 오스트리아 합스부르크 왕가 때입니다.

17세기 오스만 제국이 물러가고 난 뒤 헝가리 왕국은 오스트리아 합스부르크 왕가의 지배를 받았습니다. 페스트 지역에는 왕국의 행정 기관이 들어섰고, 이후 빠르게 성장했습니다. 19세기 초에는 부다와 페스트를 연결하는 다리와 철도 건설이 이루어졌고, 증기선 등이 운행되면서 부다페스트는 놀라운 발전을 이룩했습니다.

하지만 부다페스트는 여전히 오스트리아의 통치 아래에 있었습니다. 19세기에는 오스트리아의 통치에 반대하는 헝가리 인들의 혁명도 자주 일어났습니다. 마침내 헝가리는 1867년 오스트리아와의 타협으로 오스트리아-헝가리 왕국을 출범시켰습니다. 외교와 국방은 여전히 오스트리아의 관리 아래 있었지만 그 외 경제, 문화 등에서는 자유를 보장받으면서 부다페스트는 계속 발전했습니다.

1873년 마침내 부다와 페스트가 합쳐졌고, 부다페스트는 오스트리아-헝가리 왕국의 헝가리 측 수도가 되었습니다. 부다와 페스트가 합쳐진 이후에는 페스트 지역이 훨씬 더 빠른 성장을 보였습니다.

그런데 부다페스트는 20세기에 또 한 번 비극적인 사건을 경험하게 됩니다. 제1차 세계대전에 참전한 오스트리아-헝가리 왕국은 패전국이 되면서 왕국의 반 이상을 잃게 되었습니다. 그나마 다행이라면 1918년 오스트리아 왕가가 무너지면서 헝가리 공화국이 수립되었다는 사실입니다. 하지만 1940년대에 독일의 히틀러가 제2차 세계대전을 일으켜 헝가리를 점령하고, 부다페스트에 거주하던 20만 명의 유대인들 중 3분의 1 가까이를 학살했습니다. 1944년에는 소련의 공격으로 도시의 많은 부분이 파괴되었지요.

제2차 세계대전이 끝난 후, 헝가리는 소련의 위성국이 되면서 공산주의 정권이 들어섰습니다. 부다페스트는 1950년대 공산주의 정권 하에서 도시 재건 사업을 시작해 많은 부분 전쟁의 피해에서 회복될 수 있었습니다. 이후 헝가리는 소련의 지배에 항거하는 혁명 운동을 벌였고, 1989년 마침내 민주주의를 기반으로 하는 헝가리 공화국을 출범시켰습니다. 그리하여 동유럽 사회주의 국가들 중에서 소련 해체 (1991) 이전에 민주주의 국가를 수립한 나라가 되었습니다. 그리고 부다페스트는 헝가리 공화국의 수도가 되었습니다.

부다 왕궁, 마차시 성당, 성 이슈트반 성당, 영웅광장

부다페스트에서 상업 중심으로 발전한 페스트 지역에 비해 부다 지역은 역사적 자산이 많은 곳입니다. 그중에서 단연 돋보이는 건축물은 13세기경에 지어진 부다 왕궁입니다.

부다 왕궁은 13세기경 벨라 4세에 의해 건설되었습니다. 벨라 4세는 몽고군이 침입해 물러간 후, 도나우 강 서쪽 언덕에 성과 요새를 건설했습니다. 14세기에는 고딕 양식으로 일부 성이 새로 만들어졌고, 15세기경 르네상스 문화를 도입해 헝가리의 전성기를 이끌었던 마차시 1세 때에 르네상스 양식으로 새롭게 지어졌습니다.

부다 왕궁은 16세기 오스만 제국의 침입으로 왕궁 일부가 파괴되었다가, 17세기 오스트리아 합스부르크 왕가의 지배를 받으면서 바로크 양식의 궁전으로 새로 태어났습니다. 또 18세기에는 마리아 테레지아 여왕에 의해 재건축되어 200여 개의 방을 갖춘 거대 왕궁으로 변모했습니다. 19세기 후반에 화재로 인해 왕궁의 대부분이 소실되었고, 이후 다시 대대적인 복원 공사를 해 20세기 초 완성했습니다. 그러나 왕궁은 두 번의 세계대전과 헝가리 혁명(1956)을 겪으면서 또 파괴되는 수난을 당했습니다. 현재의 건물은 1980년대에 새롭게 단장한 것인데, 아직도 북쪽 벽에는 제2차 세계대전 당시의 총알 자국이 선명하게 남아 있습니다.

부다 왕궁은 훼손되었다가 여러 번 고쳐 지었어.

현재 부다 왕궁은 국립미술관, 역사박물관, 도서관으로 사용되고 있습니다. 역사박물관에는 제2차 세계대전 때 파괴된 왕궁 일부를 복구하면서 발견된 많은 유물을 보관하고 있습니다. 국립미술관에는 11세기부터 현재까지의 미술품들이 전시되어 있고, 도서관에는 중세 시대의 자료를 포함한 2만 여 권의 장서가 보관되어 있습니다.

부다 왕궁은 건물 자체로도 웅장함과 아름다움을 간직하고 있지만, 해가 지고 난 후 페스트 지역이나 세체니 다리에서 바라보는 야경이 그야말로 환상적입니다.

부다 왕궁 가까이에 위치해 있는 마차시 성당은 헝가리 왕국 역대 국왕들의 대관식 장소로 사용되었습니다. 화려한 모자이크로 장식된 지붕과 내부의 스테인드글라스, 프레스코 벽화가 유명하지요.

마차시 성당은 부다 왕궁을 건설한 벨라 4세에 의해 13세기 중반

여기가 마차시 성당보다 사랑받는 어부의 요새구나.

에 고딕 양식으로 지어졌습니다. 마차시 성당의 원래 이름은 '성모 마리아 성당'이었는데, 15세기경 80미터 높이의 첨탑을 만들고 성당을 새롭게 건축한 마차시 1세의 이름을 따서 현재는 마차시 성당으로 불리고 있습니다.

마차시 성당은 16세기 오스만 제국의 침입으로 인해 이슬람교의 모스크(사원)로 바뀌는 수난을 겪었습니다. 성당 안에 있던 프레스코 벽화는 모두 흰색으로 칠해져 망가졌고, 이슬람교의 아라베스크 무늬로 채워졌습니다. 그리고 19세기 말이 되어서야 다시 성당의 모습으로 되돌아올 수 있었습니다. 당시 유명한 건축가였던 프리제스 슐레크가 책임을 맡아 13세기 때의 고딕 양식과 그의 독자적인 요소를 가미해 새롭게 탄생시킨 것이지요. 하지만 제2차 세계대전 때 또 심각한 피해를 입어 20여 년의 복구공사를 해 현재의 모습이 되었습니다.

마차시 성당 바로 아래에 있는 '어부의 요새'는 슐레크가 20세기 초 완성한 건축물입니다. 어부의 요새에서 가장 인상적인 부분은 고깔모자 모양 일곱 개의 탑입니다. 이는 헝가리를 건국한 마자르 족의 일곱 부족을 상징합니다. 처음 어부의 요새는 마차시 성당의 부속 건물, 또는 마차시 성당을 더욱 돋보이게 하는 건축물로 인식되었는데, 지금은 마차시 성당보다 더 사랑받는 곳이 되었습니다.

도나우 강에 놓여 있는 세체니 다리는 부다페스트를 상징하는 건축물 중 하나입니다. 세체니 다리 덕분에 부다와 페스트 지역으로 갈라진 부다페스트가 오늘날의 부다페스트가 될 수 있었지요.

도나우 강 위에 처음 건설된 이 다리의 이름은 헝가리의 국민적 영웅으로 추대 받고 있으며 다리 건설을 지휘했던 '이슈트반 세체니' 백작의 이름에서 따온 것입니다.

세체니 다리는 건설 당시에는 세계에서 가장 놀라운 다리, 가장 아름다운 다리 중 하나로 손꼽혔습니다. 지금은 야경이 아름다운 다리로 많은 사람들이 찾는 건축물이 되었는데, 밤이 되면 다리에 설치된 수천 개의 전등에서 뿜어 나오는 불빛이 환상적인 장면을 연출합니다.

그런데 세체니 백작이 이 다리를 건설한 이유는 따로 있었다고 합니다. 백작이 잠시 집을 비운 사이에 아버지의 사망 소식을 전해 듣게 되었습니다. 백작이 집으로 가기 위해서는 도나우 강을 건너야 했는데, 갑자기 날씨가 좋지 않아 일주일이나 배가 운항을 할 수 없었습니다. 그래서 도나우 강에 다리를 놓아야겠다고 결심했다고 합니다.

백작이 다리 건설을 추진하자 많은 이들이 이에 동참했고, 영국의 유명한 건축가였던 윌리엄 클라크와 애덤 클라크를 초빙해 설계와 건축을 맡겼습니다. 공사는 1842년 시작해 1849년 완공했습니다. 제2차 세계 대전 때 독일의 공격으로 다리가 파괴되었는데, 곧바로 복구 공사를 시작해 처음 다리를 완공한 지 100년이 되는 1949년에 다시 개통했습니다.

세체니 다리를 건너 페스트 지역으로 건너오면 두 개의 유명한 건축물을 만나게 됩니다. 하나는 성 이슈트반 성당이고, 다른 하나는 국회의사당입니다.

성 이슈트반 성당은 헝가리 최대의 성당이자 제1의 성당입니다. 이

성당은 헝가리 초대 왕이자 가톨릭을 처음 전파한 이슈트반 1세를 기리기 위해 세운 성당입니다. 이슈트반 1세는 그 공로를 인정받아 가톨릭교회에서 성인으로 추대된 인물이기도 합니다.

1848년 시작된 공사는 곧이어 터진 헝가리 독립 전쟁으로 한동안 중단되었다가, 1851년에 다시 시작해 1906년에 완공했습니다.

성 이슈트반 성당의 전체 구조는 십자가 형태로 되어 있고, 중앙에는 돔이 있습니다. 돔까지의 높이는 86미터이고, 돔 위의 십자가 탑까지는 96미터인데, 이는 헝가리 건국 원년인 896년을 기념해 96미터로 맞춘 것입니다. 그리고 주변의 모든 건물은 성 이슈트반 성당보다 더 높게 지을 수 없도록 규제하고 있습니다.

성 이슈트반 성당은 8,500명을 한꺼번에 수용할 수 있는 매우 큰 규모입니다. 성당 내부에는 헝가리를 대표하는 예술가들의 작품이 가득하고, 성 이슈트반의 오른쪽 손이 미라 형태로 보관되어 있습니다.

페스트 지역 도나우 강변에 위치한 국회의사당은 헝가리의 기념비적인 건물입니다. 영국 국회의사당에 이어 세계에서 두 번째로 크고, 헝가리가 건국 천 년을 기념해 세운 건물입니다.

4천만 개의 벽돌과 40킬로그램의 금을 사용했고, 길이 268미터, 폭 123미터, 높이 96미터, 내부의 집무실(방)이 691개, 지붕에는 1년 365일을 상징하는 365개의 첨탑이 있습니다. 또한 외벽에는 헝가리의 역대 통치자 88명의 동상이 세워져 있습니다. 국회의사당 역시 중앙 돔 위의 첨탑까지의 높이가 96미터인데, 이것 또한 성 이슈트반 성당과 마찬가지로 헝가리 건국 원년인 896년을 기념한 것입니다. 건

축 설계 공모를 통해 선택된 부다페스트 기술대학 교수였던 슈타인이 설계를 맡았고, 1887년 공사를 시작해 슈타인이 사망한 1902년에 완공했습니다.

　국회의사당은 그 목적만큼이나 공사에 있어서도 몇 가지 원칙이 정해졌다고 합니다. 그것은 모든 건축 자재는 헝가리에서 생산된 것으로 해야 하며, 건축 기술과 인력도 모두 헝가리 인들만의 것으로 해야 한다는 것이었지요. 헝가리 인들의 자존심을 세우기 위한 건물인 만큼 그 정신을 엿볼 수 있습니다. 내부와 외벽에 역대 헝가리 지도자들의 동상을 세운 것도 모두 헝가리 인들의 민족정신을 보여 주지요.

　그런 의미에서 국회의사당 앞 코슈트(19세기 오스트리아에 대항해 헝가리 독립 운동을 펼친 인물) 광장은 헝가리 인들의 민족정신이 무엇인지 잘 보여 주는 역사적인 장소입니다. 코슈트 광장은 20세기 중반

저기 있다. 영웅광장의 가브리엘 대천사!

소련군에 의해 강제 진압된 헝가리 혁명이 일어난 장소이자, 20세기 후반 동유럽의 공산주의 체제가 붕괴되면서 헝가리가 자유 민주주의 국가를 선언한 장소이기도 합니다.

　도심에서 조금 떨어진 외곽 지역에 있는 '영웅광장'은 부다페스트의 대표적 명소 중 하나인데, 주말이면 젊은이들이 모여 여러 가지 놀이도 즐기고, 나라의 중요 행사도 열리는 장소로 유명합니다.

　영웅광장은 헝가리 건국 천 년이 되던 해인 1896년에 공사를 시작해 1926년에 완공했습니다. 광장 중앙에는 36미터 높이의 기둥이 있고, 그 기둥 위에는 가브리엘 대천사의 조각상이 있습니다. 가브리엘 대천사의 오른손에는 헝가리의 왕관이, 왼손에는 십자가가 들려 있는데, 이는 이슈트반 1세가 헝가리를 하느님께 바친 것을 의미합니다.

기둥 아래에는 헝가리 인들의 조상인 마자르 족 일곱 개 부족장들의 동상이 있고, 그 기둥을 중심 삼아 반원 모양으로 14개의 동상이 세워져 있습니다. 이들 14개의 동상은 헝가리 건국에 공을 세운 역대 왕이나 영웅들의 동상입니다. 그리고 각 동상 아래에는 헝가리 역사의 주요 장면을 담은 청동 부조물이 하나씩 걸려 있습니다.

부다페스트는 체코의 프라하와 더불어 소련의 관리 아래에 있었기 때문에 우리들에게는 많이 알려지지 않은 도시였습니다. 너무나 아름다운 도나우 강과 그 강과 너무나 잘 어우러져 있는 부다페스트의 모습은 직접 눈으로 보지 않고서는 느낄 수 없는 보석 같은 선물입니다. 특히 부다페스트의 야경은 우리의 가슴 속에 잊지 못할 추억을 선물해 줄 것입니다.

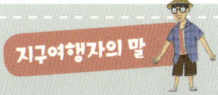

헝가리는 마자르 족이 나라를 세운 이후, 천 년이 넘는 역사를 자랑하고 있지만 700년 가까이 이민족의 지배와 침략을 받은 슬픔의 역사가 있습니다. 부다페스트에 있는 많은 역사적 유적지와 건축물을 보면 이런 헝가리의 아픈 역사가 새겨져 있고, 또 헝가리 인들이 그 슬픔과 아픔을 어떻게 극복해 나갔는지, 그래서 오늘날과 같은 헝가리를 만들었는지 느낄 수 있습니다. 만약 부다페스트를 방문할 기회가 생긴다면 아픈 역사와 그것을 극복해 낸 헝가리 인들의 강인한 정신을 도시 곳곳에서 느껴 보길 바랍니다.

인물 이야기

헝가리를 건국한 왕 이슈트반 1세

(967[~975]~1038 / 재위 : 1000~1038)

　이슈트반 1세는 헝가리를 건국한 왕이자, 헝가리에서 가장 유명한 인물입니다. 그의 출생에 대해서는 967년에서 975년 사이에 태어난 것으로 추정하고 있습니다. 그는 헝가리의 조상인 마자르 족의 족장 중 한 명이었던 게조의 아들로 태어났습니다. 원래는 가톨릭을 믿지 않았지만 자라면서 세례를 받고 가톨릭 교인이 되었습니다. 아버지가 죽고 난 뒤 한때 반란이 일어났으나 반란군을 제압하고, 1000년에 헝가리 왕에 즉위했습니다.

　이슈트반 1세는 즉위할 때 교황으로부터 왕관을 받았는데, 이때부터 헝가리는 가톨릭을 믿는 국가가 되었습니다. 이슈트반 1세는 즉위 후에도 다양한 법을 만들어 다른 종교를 배격하고 가톨릭을 강화하는 정책을 펼쳤습니다. 교구와 수도원을 짓도록 했고, 성당도 의무적으로 짓도록 했습니다.

　이슈트반 1세가 헝가리 왕으로 즉위한 후에는 국내외적으로 큰 분란이 없었는데, 이런 상황은 이슈트반 1세가 국내에 가톨릭을 정착시키는 데 큰 도움이 되었습니다. 이 밖에도 그는 군대를 편성해 국방

이슈트반 1세는 헝가리를 세운 왕이야.

을 튼튼히 했고, 사유재산을 보호하는 법을 만들어 국민들로부터 지지를 받았습니다.

    1083년 교황 그레고리오 7세는 가톨릭 전파에 앞장 선 그의 공로를 인정해 성인으로 추대했습니다. 그의 성인 축일은 원래 9월 2일인데, 헝가리에서는 그의 유품이 부다 지역으로 옮겨진 8월 20일을 축일로 정해 기념하고 있습니다.

제7장

놀라운 성장으로 기적을 이룬 도시

베이징·서울

21세기가 시작되면서 전 세계가 주목하는 두 나라 중국과 대한민국은 아시아 대륙에 속해 있으면서 짧은 기간에 놀라운 성장을 이룩했어요. 중국은 많은 물적, 인적 자원을 활용해 몇 년 전부터는 세계 제2의 경제대국이 되었고, 대한민국은 세계 10위권의 경제대국이면서 인터넷, 스마트폰, 반도체 산업 분야에서는 세계 최고의 위치에 올랐어요.

　두 나라의 수도인 베이징과 서울은 비슷한 시기에 도읍지가 되어 본격적인 발전을 시작했다고 볼 수 있어요. 베이징은 명나라 3대 황제인 영락제가 즉위하면서 새로운 도읍지가 되어 오늘날과 같은 도시의 모습이 갖추어졌고, 서울 또한 조선이 건국되고 난 뒤 새로운 도읍지가 되어 본격적으로 발전했지요. 또한 베이징은 1949년 중화인민공화국이 건국되면서 수도가 되었고, 서울은 1948년 대한민국 정부가 수립되면서 수도가 되었답니다. 아시아에서는 베이징, 서울 그리고 도쿄가 하계 올림픽을 개최한 나라예요. 올림픽을 개최했다는 것은 세계적인 도시라는 증거이기도 하지요.

　그럼, 지금부터 두 도시의 놀라운 성장의 역사를 자세히 살펴볼까요?

무엇이든 큰 도시
베이징

위치 : 중국 북쪽 허베이성 중앙
면적 : 16,412㎢(서울은 605㎢)
인구 : 21,500,000명
특징 : 만리장성의 도시

 역사 **3천 년의 역사가 숨쉬는 곳**

　중국의 수도 베이징은 중국뿐 아니라 세계적으로 가장 관심을 받고 있는 도시 중 하나입니다. 그것은 베이징이 3천여 년의 역사를 자랑하며 수많은 고대 건축물들을 간직하고 있는 역사 도시이면서 오늘날 정치, 경제, 사회, 문화적 측면에서 세계적으로 큰 영향을 끼치고 있는 중국의 수도이기 때문이지요.

　베이징은 우리에게는 '북경(北京)'이라는 이름으로 더 익숙합니다. 한자 그대로 해석하면 '북쪽의 수도'라는 의미입니다. 베이징은 역사적으로 몇 가지 다른 이름으로 불렸습니다. 베이징(북경) 이전에는 '베이핑(北平, 북평)'으로 불렸는데, 명나라 초기와 중국 국민당 정부 때

(1928~1949)는 지금의 난징(南京, 남경)이 수도였기 때문에 수도의 의미가 담긴 '경(京)' 대신에 '평(平)'을 사용한 것이지요. 베이핑은 중화인민공화국이 건국되면서 다시 베이징(북경)으로 불렀습니다. 베이징의 또 다른 이름으로 '연경(燕京)'이 있는데 이 역사는 도시의 기원과 관련해 살펴보겠습니다.

기원전 11세기, 주나라 무왕이 중국을 통일하면서 후손들에게 땅을 하사했는데, 그중 하나가 '연나라'였고, 도읍은 '계성'이었습니다. 바로 이 계성을 오늘날 베이징의 기원으로 보고 있습니다.

당나라 때 반란을 일으켜 잠시 황제라 칭했던 '안록산'은 계성을 '대도'라 이름 지었는데 이후 '사사명'이 '연경'으로 이름을 바꾸었습니다. 이때부터 계성은 대도 혹은 연경으로 불렸습니다. 938년 요나라 때에는 계성을 남쪽의 수도라는 의미로 남경이라 했고, 연경이라는 이름도 사용되었습니다.

1125년 요나라를 멸망시킨 금나라는 계성으로 천도해 중앙의 수도라는 의미로 '중도'라고 이름 지었습니다. 하지만 중도는 금나라를 멸망시킨 원나라에 의해 불타고 말았습니다. 원나라를 세운 쿠빌라이 칸은 중도보다 수로의 연결이 쉬운 북쪽 지역에 1267년부터 새로운 도시 '대도성'을 27년 동안 건설해 수도로 삼았습니다.

베이징이 오늘날과 같은 모습의 도시로 만들어지게 된 것은 명나라 때부터입니다. 1368년 명나라를 세운 주원장은 처음에는 난징(남경)에 도읍을 정했습니다. 그리고 대도성을 파괴하고, 그곳을 베이핑이라고 이름 지었습니다. 그리고 몽고족의 남하를 막기 위해 자신의 넷째 아들 '주체(나중에 황제에 오른 영락제)'에게 연왕이라는 칭호를 주고, 그곳을 다스리게 했습니다.

1398년 주원장이 사망하자 그의 손자(건문제)가 황제의 자리에 올랐는데, 1399년 주체는 자신의 조카인 건문제를 몰아내고 황제의 자리에 올랐습니다. 그가 곧 명나라 세 번째 황제인 영락제입니다. 영락제는 황제에 오른 뒤에 몽고족의 남하를 막고, 중앙 집권을 강화하기 위해 자신이 오랫동안 거주했던 베이핑 재건에 힘을 쏟았습니다.

1403년 영락제는 베이핑이 수도 난징(남경)보다 북쪽에 있다는 의미에서 베이징(北京, 북경)으로 이름을 바꾸고, 이곳으로 도읍지를 옮겼습니다. 영락제는 도읍을 베이징으로 옮기면서 원나라 때의 대도성보다 남쪽으로 도시의 위치를 이동시켰는데, 현재 베이징의 위치입니다.

자금성이 건립된 것도 바로 영락제 때입니다. 자금성은 1420년 완성된 황궁인데, 자금성은 일반인들은 들어갈 수 없는 황제가 머무는 장소라는 의미입니다.

베이징은 명나라의 뒤를 이은 청나라 때도 수도의 지위를 그대로 유지했습니다. 청나라는 1616년 만주족인 누르하치(천명제)가 세운 '후금'에서 시작된 나라인데, 누르하치의 뒤를 이은 숭덕제가 국호를 '청'으로 바꾼 것입니다. 숭덕제는 주변 나라들을 차례로 점령해 영토를 확장했고, 숭덕제의 뒤를 이은 순치제는 1644년 베이징을 점령해 명나라를 멸망시켰습니다.

청나라는 베이징을 점령한 뒤에도 통치 기간 내내 베이징을 수도

베이징이 이렇게 발달한 곳이었어?

베이징은 세계적인 도시이면서 역사적인 유적지도 아주 많이 볼 수 있지.

로 삼았습니다. 청나라는 강희제(1661~1722), 옹정제(1722~1735), 건륭제(1735~1796)까지 3대에 걸쳐 최고의 전성기를 누렸습니다.

이때 베이징도 많은 발전을 이루었습니다. 특히, 베이징 서북쪽에는 물과 자원이 풍부해 많은 정원들이 만들어졌고, 황족들과 귀족들 또한 저택을 지어 이곳에서 많은 시간을 보냈습니다. 또 베이징의 동북쪽은 운하가 발달해 지방에서 오는 많은 물품들의 집산지가 되었고, 그 결과 상업과 창고업이 발달했습니다.

19세기부터는 서구 열강들이 청나라와 교역을 하면서 점점 세력을 넓혀 갔습니다. 이에 위협을 느낀 일부 국민들은 의화단을 조직해 '부청멸양(청나라를 돕고 서양을 물리친다.)' 운동(1900)을 폈습니다. 그러자 서양 여러 나라들은 베이징에 군대를 파견했고, 그 결과 청나라 조정은 서양 여러 나라에게 굴복하고 말았습니다. 청나라는 점점 힘을 잃어 곧 패망의 위기에 놓였고, 베이징 또한 혼란 상태가 되었습니다.

서구 열강들이 점점 세력을 확대해 들어오자 각 지역에서는 혁명 세력들이 힘을 모으고 있었습니다. 결국, 1911년 쑨원(손문)은 신해혁명을 일으켰고, 청나라는 이듬해 막을 내리고 말았습니다.

혁명 정부는 난징을 수도로 정했지만 쑨원의 뒤를 이어 혁명 정부의 총통이 된 위안스카이(원세개)는 베이징을 수도로 결정했습니다. 총통 취임 이후 강력한 권력을 휘두르던 위안스카이가 1916년 사망하자, 지방 군벌들의 내전으로 중국은 혼란한 상태가 되었습니다. 이들은 베이징을 차지하기 위해 치열한 싸움을 벌였는데, 장제스(장개석)의 국민당과 마오쩌둥(모택동)의 공산당 두 세력으로 나누어졌습니다.

국민당 정부는 1928년 난징을 공식적인 수도로 정하면서 베이징을 베이핑으로 바꾸어 상징적인 의미를 떨어뜨렸습니다. 하지만 중국 공산당은 상하이(상해)와 베이징을 중심으로 그들의 세력을 확대해 나갔습니다.

두 세력 간의 싸움은 결국 중국 공산당의 승리로 막을 내렸습니다. 국민당 정부는 대만으로 쫓겨났고, 1949년 1월 31일 베이징을 점령한 공산당 정권은 중화인민공화국을 선포하면서 베이징을 수도로 삼았습니다. 이후 베이징은 급속한 성장을 이루었습니다. 그것은 1980년대 덩샤오핑(등소평)의 개혁 개방 정책이 큰 역할을 했습니다. 하지만 인구의 급격한 증가로 인해 환경오염과 교통 혼잡 문제, 주택, 의료 문제 등은 심각한 수준에 이르렀습니다.

베이징은 이런 문제들을 해결하기 위해 다시 시설의 현대화 및 도시 환경 개선 사업을 적극적으로 펼치고 있습니다. 또한 역사 도시로서의 베이징을 더욱 홍보하고 발전시키는 동시에 경제·사회적으로도 수준 높은 도시를 만들기 위해 노력하고 있습니다. 그 결과 베이징은 아시아에서는 세 번째로 2008년 하계 올림픽을 개최했습니다.

 자금성, 천안문, 만리장성, 천단 공원, 이화원

베이징은 오랜 역사만큼이나 세계적으로 자랑할 만한 문화재가 많은 도시이기도 합니다. 베이징 하면 떠오르는 문화재의 첫 번째는 단연 자금성이라고 말할 수 있습니다.

자금성은 궁궐로서는 세계 최대의 규모라고 알려져 있습니다. 동서 길이가 760미터(750미터라고도 해요.)이고, 남북으로는 960미터입니다. 면적은 72만 제곱미터, 담장의 높이는 10미터, 길이는 4킬로미터에 이르며, 성 안에는 800여 채의 건물과 8,886개 방이 있습니다.(9,999개라는 자료는 규모를 극적으로 보이게 하기 위한 표현이에요.)

또한 자금성은 50미터 너비에 6미터 깊이의 거대한 해자(적의 침입을 막기 위해 성 밖을 둘러 파서 못으로 만든 곳)로 둘러 싸여 있어 적이 쉽게 침입하지 못하도록 만들었습니다.

자금성의 뜻은 '자색(붉은 흑색)의 금지된 성'입니다. 중국 명·청나라 시대에는 황제를 하늘의 아들 곧 '천자(天子)'라고 했습니다. 그리고 천자가 사는 궁, 즉 천궁(天宮)을 자궁(紫宮)이라고도 불렀는데, 자금성은 여기에서 유래했습니다. 따라서 '자(紫)'는 천자, 곧 황제를 의미해 황제가 머무는 장소라는 뜻을 지니고 있습니다.

자금성은 명·청 시대 600년이 넘는 세월 동안 중국의 황제들이 살았던 궁궐입니다. 영락제가 1406년 베이징으로 도읍지를 옮기면서 거처하기 위해 새로 짓기 시작해 1420년 완공되었는데, 약 100만 명의 사람들이 동원되었습니다.

자금성을 짓는 데 사용된 여러 건축 자재들은 각 지방에서 옮겨왔고, 기둥에 쓰인 나무는 운반하는 데만 몇 년이 걸린 것도 있다고 합니다. 또 전각의 받침대에 쓰인 돌은 무게가 수백 톤에 이르고, 겨울철에는 길에 물을 뿌려 빙판을 만든 뒤 돌들을 옮겼다는 기록도

있습니다.

자금성은 크게 황제가 나라의 일을 보는 장소인 '외조'와 생활공간인 '내정'으로 구분되어 있습니다. 자금성의 정문을 '오문'이라고 하는데, 이 오문에서 외조 구역이 시작되고, 외조 구역이 끝나면 내정 구역이 시작됩니다. 오문은 궁궐 문으로서는 세계 최대의 크기입니다. 오문에는 세 개의 문이 있는데, 가운데 문은 황제만이 사용할 수 있어서 지금도 일반인의 출입이 금지되어 있습니다.

외조 구역에 있는 대표적인 건축물은 '태화전'입니다. 태화전은 중국에서 가장 오래된 목조 건물입니다. 황제의 즉위식이나 외국 사신과의 만남 등 나라의 주요 의식이 행해졌던 건물인데, 35미터 높이에 12개의 기둥이 떠받치고 있는 2층 건물입니다. 지붕의 기와와 내부까지 온통 황금색으로 치장해서 화려한 자태를 뽐내고 있지요.

자금성은 적의 침입으로부터 황제를 보호하기 위해 특별한 장치를 마련해 놓은 궁궐로도 유명합니다. 우선 바닥에는 사람들이 걸을 때 발자국 소리가 나도록 특별히 고안된 벽돌이 깔려 있습니다. 그리고 땅 밑을 뚫고 올라오는 적을 막기 위해 40여 장의 벽돌을 겹쳐 쌓았다고 합니다. 또 침입자가 담을 넘는 것을 방지하고, 적을 쉽게 감시하기 위해 후원을 제외하고는 성안에는 나무가 하나도 없습니다.

자금성은 중국에서는 '고궁'으로 불리고 있고, 1925년부터 '고궁박물원'으로 용도가 변경되어 일반인에게 공개되고 있습니다. 자금성은 1987년 유네스코 세계문화유산으로 지정되었습니다.

자금성을 이야기할 때 빼놓을 수 없는 건물이 바로 천안문입니다.

천안문은 많은 사람들이 자금성의 정문으로 오해하고 있는데, 사실 자금성의 정문은 오문이고, 천안문은 베이징 내성의 남문입니다. 위치상으로는 자금성의 남쪽, 천안문 광장의 북쪽에 있습니다.

천안문이 유명해진 것은 중국 근대의 역사적 사건들이 이곳에서 발생했기 때문입니다. 5·4 운동과 12·9 학생 운동이 이곳에서 일어났고, 1949년 중화인민공화국의 선포식도 이곳에서 있었습니다. 또한 1989년 수많은 사람들이 민주화를 요구해 시위를 벌이다 목숨을 잃은 천안문 사건이 일어난 장소이기도 합니다.

현재 천안문이 있는 장소에 처음 지어진 성문은 1420년 명나라 영락제 시대의 '승천문'입니다. 승천문은 1644년에 파괴되었고, 지금의 문은 청나라 시대인 1651년에 재건된 것인데, 이때 '천안문'이라는 이름으로 바뀌었습니다. 천안문은 글자 그대로 해석하면 '하늘의 평안

한 문'이라는 뜻입니다. '하늘을 섬겨 나라를 평안하게 하고 백성을 다스린다.'는 의미가 담겨 있지요. 명·청 시대에는 이곳에서 전쟁에 출전하거나 개선하는 군대를 황제가 사열했고, 큰 법률의 공포도 이곳에서 이루어졌지요. 지금도 중국 인민해방군의 열병식이 이루어지고 있습니다.

천안문의 전체적인 구조는 5개의 통로를 뚫은 성벽 위에 목조 누각을 만들어 놓은 형태입니다. 예전에는 5개의 성벽 통로 중, 가운데 통로는 황제용이었고, 지금은 중앙의 통로 외에는 닫혀 있을 때가 많습니다. 천안문의 가운데에는 마오쩌둥의 초상화가 걸려 있고, 양쪽에는 '중화인민공화국 만세'와 '세계인민대단결 만세'라는 글이 쓰여 있습니다. 사실 천안문이 중국 근대 역사의 중요한 장소가 된 것은 천안문 앞에 있는 광장 때문입니다. 이 '천안문 광장'은 남북 길이 880미터, 동서 길이 500미터, 총 면적이 44만 제곱미터로 100만 명의 사람이 동시에 모일 수 있는 세계에서 제일 큰 광장입니다.

천안문 광장에는 인민영웅기념비, 마오쩌둥 기념당, 중국혁명박물관, 중국역사박물관, 인민대회당 등 중국의 국가 기념물들이 들어서 있고, 하루 두 번 국기 게양식과 하강식이 치러집니다. 중국인들은 천안문 광장에서 이루어지는 국기 게양식과 하강식을 보는 것이 큰 소원이기 때문에 늘 이곳은 지방에서 올라온 중국인들로 붐비는 곳이지요.

베이징에는 중국을 대표하는 상징물로 만리장성이 있습니다. 만리장성은 글자 그대로 풀이하면 길이가 만 리가 되는 긴 성벽을 말합니

다. 만 리를 킬로미터로 환산해 보면 4천 킬로미터의 긴 거리입니다. 현재 남아 있는 만리장성의 유적은 동쪽 끝인 허베이성(하북성)의 산하이관(산해관)에서 서쪽 끝인 간쑤성(감숙성)의 자위관(가욕관)까지 약 2,700킬로미터에 이릅니다. 그러나 직선 길이 성벽에서 중간 중간에 뻗어 나온 길이까지 합치면 대략 성벽의 전체 길이는 5~6천 킬로미터라고 합니다. 만 리가 훨씬 넘는 셈이지요.

만리장성은 중국의 역대 황제들이 북방 이민족들의 침략을 막기 위해 방어용으로 구축한 성벽입니다. 처음 만리장성을 쌓은 황제는 일반적으로 진시황제라고 알려져 있는데, 실제로는 그 이전부터 성벽이 건축되었다고 합니다.

만리장성이 현재와 같은 모습을 갖춘 것은 명나라 때입니다. 명나라는 북방 민족인 몽고의 침입을 막기 위해 대대적인 보수 공사를 해 지금의 성벽을 완성했지요. 모든 구간이 똑같은 구조가 아니고 주요한 도시나 군사 시설 지역은 더 견고하고 큰 규모로 지었습니다. 보통 성벽의 높이는 6~9미터, 폭은 4~9미터 정도이고, 100미터 간격으로 망루를 설치해 병사들이 경계를 서도록 했습니다.

베이징은 황제가 사는 곳이었기 때문에 이곳 주변의 성벽은 그 어떤 곳보다도 견고하고, 적이 침입했을 때 신속하게 방어할 수 있게 만들어졌습니다. 성벽 위의 길도 군사들이나 마차가 빠르게 이동할 수 있도록 폭이 넓은 곳도 있습니다.

만리장성은 북방 민족의 침입을 방어하기 위한 것이 목적이었기 때문에 명나라 이후 중국을 통치한 청나라 때는 그 효용 가치가 떨어져 방치되었습니다. 왜냐하면 청나라는 북방 민족인 만주족이 세운 나라였기 때문입니다. 만리장성은 오늘날 관광 목적으로 보수되어 세계적인 관심과 인기를 끌고 있으며, 중국을 상징하는 건축물이 되었습니다. 1987년에는 유네스코 세계문화유산으로 지정되었습니다.

베이징의 또 다른 명소로 자금성보다 거의 4배나 더 큰 규모의 '천단 공원'이 있습니다. 천단 공원은 자금성 남쪽으로 약 5킬로미터 인근에 있는 공원인데, 명·청 시대 황제들이 풍년을 기원하면서 하늘에 제사를 지내던 도교 제단, 즉 '천단'이 있는 곳입니다. 천단 공원 역시 1998년 유네스코 세계문화유산으로 지정되었습니다.

천단은 자금성을 건설했던 명나라 영락제의 지시로 만들어졌습니

중국은 어디나 다 크고 넓어. 겨우 기년전에 도착했네.

다. 1406년 공사를 시작해 1420년에 완공했습니다. 처음에는 이곳을 하늘과 땅을 상징하는 천지단이라 불렀는데, 나중에 3개의 제단, 즉 동쪽에 일단(日壇), 북쪽에 지단(地壇)을, 서쪽에 월단(月壇)을 만들면서 '천단'이라 불렀습니다.

천단의 전체 구조는 내단과 외단이 분리된 '회(回)'자 형태의 2중 구조로 되어 있습니다. 외단의 전체 길이는 약 6.5킬로미터이고, 내단의 길이는 4.1킬로미터입니다. 현재와 같은 규모가 된 것은 청나라 시대 건륭제(재위 1735~1796) 때입니다.

천단 안에 있는 주요 건축물들은 주로 내단 안에 있습니다. 그중 가장 중요하고 큰 규모의 건축물은 기년전입니다. 기년전은 원형의 목조 건물인데, 38미터 높이에 지름 30미터 크기의 원뿔형의 지붕으로 덮여 있습니다. 28개의 거대한 기둥이 전체 건물을 받치고 있으며, 오직 나무로만 건물을 지었습니다. 천장에는 용과 봉황이 새겨져 있고, 내부는 온통 금빛으로 장식되어 있습니다.

사람이 만든 정원인 이화원이야. 규모가 어마어마해.

    천단의 규모는 제천 의식이 국가의 중요한 행사라는 점을 단적으로 보여줍니다. 그래서 황제들도 일 년에 한 번은 꼭 이곳에 와서 하늘에 제사 지내는 것을 잊지 않았던 것입니다. 또한 천단은 독특한 장식과 구조로 되어 있어 건축사에서도 중요한 위치를 차지하고 있습니다.

    베이징에서 또 하나 보아야 할 곳이 바로 황실 정원 '이화원'입니다. 이화원은 베이징에서 10킬로미터 떨어진 곳에 있는 중국 황실의 여름 별장이면서 황실 정원이기도 합니다. 이화원은 중국에서 가장 큰 규모의 정원입니다. 이화원은 금나라 때인 12세기에 처음 만들어졌는데, 1750년 청나라 건륭제 때 대대적으로 확장해 현재와 같은 규모가 되었습니다. 건륭제 때에는 '청의원'이라고 불렸고, 지금의 이름을 갖게 된 것은 1888년 서태후 때입니다.

    이화원은 1860년과 1900년 두 차례에 걸쳐 서구 열강의 침입으로 파괴되었는데, 그때마다 당시 실권을 잡고 있던 서태후의 노력으로 모두 재건되었습니다. 서태후는 이화원을 재건하기 위해서 군대 예산

30만 은을 사용했다고 하는데, 그로 인해 청나라가 1894년 청·일 전쟁에서 패했다는 이야기도 전하고 있습니다. 이화원 안에는 이화원 전체 크기의 4분의 3을 차지하고 있는 인공호수 쿤밍호(곤명호)와 그 호수를 만들기 위해 파낸 흙으로 만든 60미터 높이의 인공산인 완서우산(만수산)과 각종 전각과 사원, 회랑 등이 있습니다. 이곳에서 가장 특별한 건축물은 778미터에 이르는 긴 복도입니다. 중국에서도 가장 긴 복도이며, 복도의 천장과 벽에는 수많은 그림이 그려져 있습니다. 이화원은 중국의 정원 예술의 독특함과 창조성을 인정받아 1998년 유네스코 세계문화유산으로 지정되었습니다.

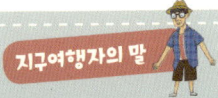

지구여행자의 말

불과 몇 십 년 전만 하더라도 중국은 그저 세계에서 가장 인구가 많은 나라로 여겨졌습니다. 하지만 중국은 인적 자원을 바탕으로 가장 빠른 성장을 보이며, 세계 제2의 경제대국이 되었습니다. 그리고 그 중심에는 중국의 수도이자 심장인 베이징이 있습니다. 베이징은 현재, 과거의 유산을 바탕으로 세계인들의 발걸음을 모으고 있으며, 또한 그들의 힘을 세계인들에게 보여 주고 있습니다.

혹시 베이징을 방문할 기회가 생긴다면 거대한 중국인들의 큰 꿈과 포부, 그리고 그것을 이루기 위해 노력했던 사람들의 피와 땀을 도시 곳곳에서 느껴 보길 바랍니다.

인물 이야기

중국의 전성기를 이끈 황제 영락제

(1360~1424 / 재위 : 1402~1424)

영락제는 명나라를 세운 주원장의 넷째 아들로 태어나 명나라의 세 번째 황제가 되었습니다. 황제가 되기 전의 이름은 주체였습니다.

주원장에게는 여러 명의 아들이 있었는데, 그중 넷째 아들 주체가 가장 뛰어난 자질을 보였습니다. 1366년 주원장이 명나라를 건국하고 난 후, 주체는 평화로운 어린 시절을 보내며 지도자의 자질을 익혔습니다. 1368년에는 북평(베이징)을 다스리는 연왕에 책봉되어 북방의 군사들을 총괄하는 임무를 맡으며 여러 번의 전투에서 승리했습니다.

1392년 주원장은 황태자로 삼았던 첫째 아들이 죽자, 자식들 중 가장 뛰어났던 주체를 황태자로 삼기로 마음먹었습니다. 그러나 대신들의 반대로 전통에 따라 황태자의 아들, 즉 손자인 주윤문(2대 황제 건문제)을 황태자에 봉했습니다.

1398년 주원장이 사망하자 황제에 오른 주윤문은 왕권 강화를 위해 삼촌들의 권한을 약화시키는 정책을 폈습니다. 그러자 이에 반발한 주체는 군사를 일으켜 수도인 난징을 공격했습니다. 1402년 주체는 난징을 함락했고, 명나라 3대 황제에 올랐습니다. 주체가 쉽게 난

영락제는 오늘날의 베이징 모습을 만든 황제이지.

징을 함락할 수 있었던 것은 건문제 주변에는 힘 있는 장수가 없었기 때문입니다. 주원장은 명나라를 건국하고 난 후 황제의 권력을 강화하기 위해 개국공신 장수들을 모두 제거했습니다. 하지만 그 결정이 결국 왕권을 약화시킨 원인이 되었던 것입니다.

황제에 오른 수제, 즉 영락제는 기존 황제와 관련 있는 사람들을 모두 숙청하고, 자신의 근거지였던 베이징으로 도읍을 옮기기 위해 대대적인 공사를 시작했습니다. 자금성도 이때 건립되었으며, 오늘날 베이징의 모습도 이때 만들어졌습니다.

영락제는 정복 사업에도 힘을 쏟았는데, 직접 대군을 이끌고 여러 번 몽고족과의 전투에 참가해 땅을 넓혔습니다. 또한 일본과 동남아시아 및 주변 국가들에 대해서도 강력한 영향력을 행사했습니다. 그 결과 명나라는 영락제 시절 전성기를 맞이했습니다.

영락제는 1424년 몽고족과의 전쟁을 끝내고 돌아오다가 병으로 사망했습니다. 이후 그의 맏아들이 황제에 올라 4대 황제 홍희제가 되었습니다.

한강의 기적을 이룬 도시 서울

위치 : 한반도 중앙부
면적 : 605㎢
인구 : 9,930,000명
특징 : 아시아의 중심 도시

 600년의 역사와 한강의 기적

서울은 대한민국의 수도이자, 인구 천만 명이 살고 있는 거대 도시입니다. 1394년 조선의 도읍지가 된 이후 현재까지 600년이 넘는 세월 동안 수도의 지위를 누리고 있는 역사 도시이기도 합니다.

서울의 어원에 대해서는 여러 가지 설이 존재하지만 '수도'를 뜻하는 신라 시대 고유어인 '서라벌'에서 유래했다는 것이 가장 일반적인 견해입니다. 신라 시대에는 수도인 경주를 서라벌이라 불렀습니다. 또 서울은 그 어원을 분석해 보면 '높고 너른 벌판, 큰 마을'이라는 뜻을 지니고 있습니다.

서울이라는 말이 본격적으로 사용된 것은 1945년 광복 이후입니다. 서울은 백제 시대에는 위례성 또는 한성, 고려 시대에는 남경, 조선 시대에는 한양, 한성 등으로 불렸고, 일제강점기에는 경성으로 불렸습니다.

서울 지역에 사람이 살기 시작한 것은 선사 시대부터입니다. 그 대표적인 유적지로 암사동 선사 주거지가 있습니다. 서울 지역이 본격적으로 도시의 모습을 갖추기 시작한 것은 백제 시대의 첫 수도가 되고부터입니다. 백제는 기원전 18년부터 기원후 475년까지 서울 지역에 도읍을 정했는데, 바로 '위례성'입니다. 위례성은 기원전 1년에 '한성'이라는 이름으로 바뀌었습니다. 그러니까 백제는 475년 수도를 웅진(지금의 공주)으로 옮기기 전까지 약 500년간 서울 지역을 도읍으로 삼았지요. 백제가 도읍지를 정했던 위례성, 한성의 위치는 정확한 자료가 없어서 여러 가지 설이 있는데, 지금의 풍납토성과 몽촌토성 근처라고 추정하고 있습니다.

고구려, 백제, 신라 시대에 서울 지역은 매우 중요한 곳으로 인식되었습니다. 그것은 이곳에 한강이 있어서 사람과 물자를 대주는 중요한 역할을 했기 때문입니다. 백제는 초기부터 이곳을 도읍지로 삼아 살고 있었고, 고구려 장수왕은 475년 이곳을 점령했습니다. 그리고 한강 이남에는 한산군을, 한강 이북에는 남평양을 설치해 다스렸습니다.

하지만 백제는 신라와 동맹을 맺고 551년 다시 한강 지역을 탈환했습니다. 하지만 553년 신라가 동맹을 깨고 이곳을 공격해 서울 지역은 다시 신라의 땅이 되었습니다. 신라는 한강 유역을 점령한 후 한

산주를 설치해 다스렸습니다. 통일 신라 시대인 755년에는 이곳에 '한양군'이 설치되었는데, 이때부터 한양이라는 이름으로 불렸습니다.

왕건이 고려를 건국하면서 서울은 '양주'로 이름이 바뀌었고, 1067년에는 '남경'으로 바뀌면서 중요성이 높아졌습니다. 이 무렵 고려는 도읍지를 남경으로 옮길 계획까지 했다고 하니, 고려 시대에도 서울은 매우 중요한 지역으로 여겨진 것이지요. 1308년에는 남경을 한양부로 바꾸었다가 1356년 공민왕 때 다시 남경으로 바꾸었습니다.

1392년 이성계는 조선을 건국하고, 1394년 도읍지를 한양으로 옮겼습니다. 당시 한양으로 도읍지를 정한 데에는 풍수사상이 중요한 역할을 했지요. 풍수가들은 서울 지역을 북한산, 인왕산, 남산, 관악산과 한강으로 둘러싸여 있는 나라 안에서 제일가는 명당자리로 보았습니다.

현재 서울의 모습은 조선이 건국되고 한양으로 도읍지를 옮기면서 나타난 결과라고 할 수 있습니다. 그러니까 서울은 조선 시대, 대한제국, 일제강점기를 거쳐 대한민국의 수도로 600년이 넘도록 수도의 지위를 누린 것이지요. 만약 백제 시대의 수도였던 시기를 포함한다면 서울은 천 년이 넘는 세월 동안 한 나라의 수도 역할을 했던 장구한 역사를 자랑합니다.

조선은 1395년 도읍지 한양의 이름을 한성부로 바꾸고, 사대문 안 도성과 도성 밖 10리(약 4킬로미터)까지를 한성부에 포함시켰습니다. 이후 경복궁, 덕수궁, 창덕궁, 숭례문 등 궁궐들과 도성 문이 완공되었고, 서울은 빠른 성장을 이루었습니다. 하지만 임진왜란과 병

자호란을 겪으면서 도시의 건축물들은 대부분 파괴되는 아픔을 겪기도 했지요.

19세기 말부터 들어오기 시작한 서양 문물의 영향을 받아 서울은 급격한 변화를 겪게 됩니다. 거리에는 가로등이 설치되고, 전차가 개통되었으며, 전화가 생겼습니다.

하지만 1910년 일본에 의해 국권이 강탈당하면서 한성부는 '경성부'로 이름이 바뀌었고, 경기도에 예속시키면서 그 지위를 떨어뜨렸습니다. 그리고 그때 서울은 조선 시대 때 만들어진 역사적 문물들이 많이 훼손되는 아픔을 겪었습니다.

1945년 일본으로부터 나라를 되찾고 경성부는 서울시로 이름이 바뀌었습니다. 1946년에는 경기도에서 분리되어 서울특별자유시가 되었고, 1949년 서울특별시가 되어, 대한민국의 수도로 그 지위를 누리고 있습니다.

서울은 6·25 전쟁 이후 빠른 성장을 이룩했습니다. 주변 지역을 흡

수해 규모도 늘어났고, 경제 성장과 더불어 인구도 급격하게 늘어났습니다. 1949년 서울특별시로 바뀌면서 서울의 북서 지역을, 1963년에는 강남 지역과 김포 지역을, 1973년에 조금 더 확장되면서 현재와 같은 규모가 되었습니다.

서울의 인구는 일제강점기에 이미 100만 명이 넘었습니다. 경제 성장 초기인 1960년에는 240만 명을 넘어섰고, 1980년에는 840만 명에 이르렀습니다. 불과 20년 만에 600만 명이나 늘어난 것입니다. 그러다가 1988년에 인구 천만 명을 돌파했습니다. 하지만 2000년 이후 전세난, 교통난, 교육난 등으로 점차 서울을 벗어나 수도권으로 이주하려는 사람들이 늘어나면서 서울시 인구는 점차 감소하기 시작했습니다.

서울은 대한민국 국토의 0.6퍼센트에 불과한 작은 땅이지만 대한민국 인구의 5분의 1이 사는 서내 도시입니다. 물론 인구 밀도도 세계에서 가장 높은 도시 중의 하나이지요. 하지만 서울은 세계 그 어떤 도시보다 빠른 성장을 이룩해 세계가 부러워하는 도시가 되었습니

다. 1988년에는 아시아에서 두 번째로 올림픽을 개최했고, 2002년에는 월드컵을, 2010년에는 G20 정상회의를 개최하면서 서울은 세계가 주목하는 도시가 되었습니다.

볼거리 경복궁, 창덕궁, 종묘

서울은 조선 왕조 500년의 수도였기에 왕조의 궁궐이었던 경복궁이 도시의 상징이라 말할 수 있습니다. 경복궁은 1395년 이성계가 도읍을 한양으로 옮기면서 창건한 궁궐입니다. '경복'이라는 말은 중국 역사서인 『시경』에 나오는 말로 한양 천도를 주도했던 정도전이 지은 이름입니다. 이 말은 왕과 그 자손, 백성들이 태평성대의 큰 복을 누리기를 기원한다는 뜻이 담겨 있습니다. 경복궁은 동서 길이 500미터, 남북 길이 700미터입니다.

경복궁의 전체 구조를 보면, 전체 둘레에 담을 쌓고, 정문인 광화문이 남쪽에 있으며, 북쪽에는 신무문, 동쪽에는 건춘문, 서쪽에는 영추문을 두었습니다. 경복궁 안에는 정전인 근정전(신하들의 인사와 국가의식, 외국 사신을 접견하던 장소)을 비롯해 편전인 사정전(왕이 나랏일을 보던 장소), 침전인 강녕전(왕의 침소)과 교태전(왕비의 침소), 그 밖에 여러 전각들이 있습니다. 이때 건립된 전각들은 모두 390여 칸으로 그다지 크지 않은 규모였습니다. 경복궁은 태종, 세종을 거쳐 계속해서 전각들이 지어졌고, 세종 때에서야 비로소 모든 전각들이 완

경회루에서 바라보는 경치는 정말 멋져.

경복궁의 정문인 광화문이야.

성되었습니다.

태종 때 지어진 경회루는 나라의 경사가 있을 때 연회를 베풀던 장소인데, 당시에는 작은 규모의 누각이었습니다. 태종은 중국 사신이 왔을 때 연회 장소를 마련하기 위해 경회루 주변 연못을 넓히고 건물도 더 크게 지었다고 합니다. 지금의 경회루는 고종 때 새로 지은 건물인데, 단일 평면으로는 우리나라에서 가장 큰 누각입니다.

1592년 일어난 임진왜란으로 경복궁은 대부분 파괴되었고, 창덕궁, 창경궁까지 모두 불에 타 버렸습니다. 전쟁이 끝난 후 임금이 다시 돌아왔을 때는 거처할 곳이 없어서 정릉동에 있던 월산대군의 옛집을 임시로 사용했지요.

이후 경복궁을 복원해야 한다는 이야기는 계속 있었지만 여러 가지 이유로 실행되지 못했습니다. 게다가 경복궁이 좋지 않다는 이야기가 나와서 경복궁 대신 창덕궁을 재건하게 되었습니다.

경복궁이 다시 중건된 것은 고종의 아버지인 흥선대원군의 강력한 의지 덕분이었습니다. 흥선대원군은 1865년 경복궁 중건을 시작해 2년 후인 1867년 완공했습니다. 그리고 고종은 1868년 경복궁으로 거처를 옮겼습니다.

경복궁이 또 한 번의 아픔을 겪게 된 것은 일제강점기입니다. 일제는 1895년 명성왕후를 궁 안에서 시해하는 한편, 궁 안의 많은 전각들과 누각들을 헐어서 사람들에게 팔아 버리는 만행을 저질렀습니다. 또한 경복궁의 중심 건물이었던 근정전 정면에 총독부 청사를 지어 근정전을 완전히 가려 버렸습니다.

1945년 광복 후 경복궁은 공원으로 개방되었고, 총독부 청사는 정부종합청사로 사용되다가 1995년 광복 50주년을 맞아 철거했습니다. 그리고 1991년부터 경복궁을 복원하는 공사가 시작되어, 2030년 완공을 목표로 진행되고 있습니다. 2010년 제1차 복원 사업이 완료되었는데, 고종 당시 지어진 건물의 절반 정도가 복원되었습니다. 경복궁은 조선의 정궁이지만 인위적으로 평지에 조성된 궁궐이면서 전쟁 때나 일제강점기 때 대부분 소실되어 그 원형의 가치를 인정받지 못했습니다.

태조 때 왕위 계승권 문제로 왕자들 간에 두 차례의 난이 일어난 후 조선의 두 번째 왕 정종은 한양을 떠나 개성으로 도읍을 옮겼습니다. 그 뒤 세 번째 왕 태종은 다시 한양으로 도읍을 옮기면서 새롭게

창덕궁은 유네스코 세계 문화유산에 선정되었지.

궁궐을 지었는데, 그것이 바로 창덕궁입니다.

경복궁 동쪽에 지어 '동궐'이라 불렸던 창덕궁은 경복궁에 비해 비교적 원형이 잘 보존되어 있고, 주변 지형과 조화를 이루고 있는 궁입니다. 역대 왕들이 가장 오랫동안 거처한 궁궐이다 보니 왕실 생활의 다양한 면을 반영하고 있다는 의미에서 1997년 유네스코 세계문화유산에 선정되는 등 경복궁보다 더 가치를 인정받고 있지요.

태종이 경복궁 대신 창덕궁을 새롭게 지은 이유는 경복궁은 이복동생들을 죽인 장소이면서 자신과는 반대 진영에 있었던 정도전이 주동해 지은 궁궐이었기 때문입니다.

창덕궁도 경복궁과 마찬가지로 임진왜란 때 모두 소실되는 운명을 맞았습니다. 하지만 경복궁보다 먼저 복원되어 그 위상이 더욱 높아진 궁궐이 되었습니다. 창덕궁이 먼저 복원된 이유는 이전까지 왕들이 거처한 곳이 창덕궁이었고, 경복궁은 풍수지리상 불길하다는 의견이 많았기 때문입니다. 이후 창덕궁은 1623년 광해군을 몰아내는 과정에서 또 한 번 소실되었다가 인조 25년인 1647년에 다시 복원되었습니다. 조선 말기에는 전등이나 차고 등 서양식 문물들이 설치되었고, 조선의 마지막 왕인 순종은 즉위 후 이곳으로 옮겨 왔으며, 왕실 가족들이 마지막까지 거주했습니다.

이후에도 창덕궁은 몇 번의 화재로 전각들이 소실되었는데, 1917년 일어난 대화재 후 복구공사를 할 때에는 조선총독부의 지시로 경복궁의 강녕전, 교태전 등의 전각들을 가져다가 주요 부분을 보완하기도 했습니다. 창덕궁도 경복궁과 마찬가지로 일제강점기 때 많이 훼손되거나 소실되는 아픔을 겪었습니다. 창덕궁도 광복 이후 한동안 방치되었다가 1990년대 이후부터 복원 작업이 이루어지고 있습니다.

서울에는 왕조 관련 문화재와 유적지가 많습니다. 종묘도 그중 하나입니다. 종묘는 조선 왕조 역대 왕들과 왕후들의 신주(죽은 사람의 위패)를 모신 유교 사당입니다.

유교 사회에서는 왕이 나라를 건국하면 반드시 종묘와 사직을 세워서 하늘과 땅에 제사를 지냈습니다. 사직은 국토의 신인 '사'와 곡식의 신인 '직'을 아울러 이르는 말인데, 국토와 곡식의 번창을 위해 지내는 제사나 장소를 말합니다.

따라서 왕은 도읍지를 정하면 궁궐 왼편에는 종묘를 세우고, 오른쪽에는 사직을 세웠습니다. 조선을 건국한 이성계도 한양으로 도읍지를 옮긴 뒤 경복궁을 건립하면서 종묘와 사직을 세웠습니다. 종묘는 임진왜란 때 소실되었다가 광해군 때 다시 지어졌습니다.

종묘 안에는 크게 정전과 영녕전이라는 두 건물이 있습니다. 정전은 정식으로 왕위에 오른 왕이나 업적이 많은 왕과 왕후의 신주를 모신 사당이고, 영녕전은 추존된 왕이나 뚜렷한 업적을 남기지 못한 왕, 제위 기간이 짧았던 왕과 왕후를 모신 사당입니다. 폐위된 연산군과 광해군의 신주는 정전은 물론이고 영녕전에도 없습니다. 유교를 중시했던 사회에서 패륜을 저지른 왕들이었기 때문에 종묘에 모시지 않은 것입니다.

현재 정전에는 19명의 왕과 30명의 왕후의 신주가 모셔져 있고, 영녕전에는 15명의 왕과 17명의 왕후, 의민황태자(영친왕, 고종의 일곱 번

종묘에서는 떠들면 안 될 것 같아.

째 아들)의 신주가 모셔져 있습니다.

종묘는 제사를 위한 공간이기 때문에 건축물들이 화려하지 않고, 단순하면서도 절제된 분위기를 풍깁니다. 종묘는 이런 건축물과 600여 년간 제례 행사를 지내온 가치를 인정받아 1995년 유네스코 세계문화유산으로 지정되었습니다. 또한 종묘제례와 제사를 지낼 때 춤과 함께 연주되는 종묘제례악은 2001년 유네스코 인류무형문화유산 대표목록에 등록되었습니다.

지구여행자의 말

대한민국의 수도 서울은 600년 넘는 세월 동안 수도로서의 지위를 누린 역사 도시이면서, 인구 천만 명이 살아가는 거대 도시입니다. 6·25 전쟁 이후 폐허가 된 도시에서 한강의 기적이라는 놀라운 경제 성장을 이루어 지금은 세계가 주목하는 도시가 되었지요. 오늘날에도 서울은 세계화와 정보화 시대에 발맞추어 21세기를 선도하기 위해 꾸준히 노력, 발전하고 있습니다.

혹시 기회가 된다면 우리가 미처 깨닫지 못했던 숨어 있는 서울의 매력, 놀라운 성장의 역사를 도시 곳곳에서 느껴 보길 바랍니다.

인물 이야기

조선 건국의 일등공신 정도전
(1342~1398)

정도전은 조선 건국에 지대한 영향을 끼친 인물입니다. 정도전은 경상도 영주에서 태어났고, 나중에 개경으로 올라와 이색의 문하에 들어갔습니다. 거기에서 정몽주 등과 함께 유학을 배우고 1360년 과거 급제 후 성균관에 들어왔지요. 정도전은 고려 말 조정에서는 명나라와의 외교론을 주장하다가 여러 번 파직되어 오랫동안 유배와 유랑 생활을 했습니다.

1383년 이성계를 만나서 역성혁명의 꿈을 품었고, 1392년 마침내 이성계를 추대해 조선을 열었습니다. 정도전은 이성계의 전폭적인 지지 덕분에 조선의 모든 제도와 정책을 정비해 나갔습니다.

또한 새 도읍지 건설의 필요성을 주장해 기존 도읍지였던 개경을 버리고 한양을 새 도읍지로 정했습니다. 그리고 한양의 도시 설계에도 직접 관여했습니다. 현재 경복궁의 위치와 궁궐과 도성 문의 이름, 도성의 거리 이름도 직접 지었다고 합니다. 그는 유교적 이념을 바탕으로 모든 체제를 정비하면서 왕조의 기틀을 튼튼히 다졌습니다.

하지만 내부적으로 많은 마찰을 빚기도 했습니다. 우선 왕족들의

정도전은 조선을 세우는 데 큰 공을 세운 신하야.

정치 참여를 금지하는 정책을 펴서 왕자들과 대립 관계에 놓였고, 요동 정벌론을 주장해 명나라와 외교 마찰을 빚었습니다. 또 태조의 두 번째 왕비 신덕왕후 강씨의 아들 방석을 세자에 책봉하면서 태조의 첫 번째 왕비의 왕자들과 갈등 관계에 놓이기도 했지요.

결국 1398년 제1차 왕자의 난 때 태종 이방원에게 죽임을 당해 생을 마감했습니다. 이방원은 왕에 오른 뒤 정도전을 역적으로 만들었고, 그로 인해 정도전은 무덤 위치도 정확하게 알려지지 않고 있습니다.

1865년 고종은 정도전이 조선 건국과 경복궁 건립에 큰 공이 있었음을 인정해 그를 복권시켰으며, '문헌'이라는 시호도 내렸습니다. 또 고종은 정도전의 후손들이 살고 있는 경기도 양성현(현재 평택시 진위면)에 사당을 건립하고 특별히 현판도 하사했습니다. 정도전의 가묘도 그곳에 있습니다.

지구 여행자의 도시 탐험